사회평론

글 사회평론 과학교육연구소
대학에서 오랫동안 과학을 연구한 전문가들이 모여, 우리 아이들이 쉽고 재미있게 공부할 수 있는 책을 만들고 있습니다.

글 김형진 (사회평론 과학교육연구소 연구원)
연세대학교 천문대기과학과를 졸업하고 같은 대학교 대학원에서 석사, 박사 학위를 받았습니다. 과학자를 꿈꾸는 아이들에게 올바른 과학 개념과 과학적 태도를 함께 키울 수 있는 방법을 전달하기 위해 노력하고 있습니다. 현재 사회평론 과학교육연구소 연구원으로 과학책을 만들고 있습니다.

글 설정민 (사회평론 과학교육연구소 연구원)
서울대학교 생물학과를 졸업하고 같은 대학교 대학원에서 석사 학위를 받은 뒤 박사 과정을 수료하였습니다. 아이에게 과학을 쉽고 재미있게 얘기해 주려 노력하다 보니 어린이를 위한 책을 만드는 일에도 관심을 가지게 되었습니다. 현재 사회평론 과학교육연구소 연구원으로 과학책을 만들고 있습니다.

글 이명화 (사회평론 과학교육연구소 연구원)
서울대학교 물리교육과를 졸업하고 같은 대학교 대학원에서 석사, 박사 학위를 받았습니다. 10여 년간 중학교에서 과학을 가르쳤으며, 미국 아리조나 주립대에서 물리학으로 박사 학위를 받고 독일, 미국, 영국에서 연구원으로 근무하였습니다. 쉽고 재미있는 과학책을 쓰는 일에 관심을 갖고 있으며, 현재 사회평론 과학교육연구소 연구원으로 과학책을 만들고 있습니다.

그림 김인하
시각디자인을 전공하고 1999년 월간지에 만화를 연재하며 작품 활동을 시작하였습니다. 《건방진 우리말 달인》, 《똑똑한 어린이 대화법》 등에 그림을 그렸습니다. 이 책을 읽는 어린이들의 밝은 미래를 기원합니다.

그림 뭉선생
2004년 LG 동아 국제만화 공모전에 입상하며 작품 활동을 시작했습니다. 그린 책으로 《조지의 우주를 여는 비밀 열쇠》 시리즈, 《용선생 만화 한국사》 시리즈, 《용선생 처음 한국사》 시리즈, 《용선생 처음 세계사》 시리즈 등이 있습니다.

그림 윤효식
2002년 《소년 챔프》에 〈신검〉으로 데뷔하여 어린이에게 유익한 학습 만화를 그리고 있습니다. 그린 책으로 《마법천자문 사회원정대》 시리즈, 《용선생 만화 한국사》 시리즈, 《용선생 처음 한국사》 시리즈, 《용선생 처음 세계사》 시리즈 등이 있습니다.

감수 맹승호
서울대학교 지구과학교육과를 졸업하고 한국교원대학교 과학교육과 대학원에서 석사, 서울대학교 과학교육과 대학원에서 박사 학위를 받았습니다. 현재 서울교육대학교 과학교육과 교수로 재직 중입니다. 대화를 이용한 과학 학습에 많은 관심을 가지고 있습니다. 함께 지은 책으로 《일곱 빛깔 지구과학》, 《주말 지질 여행》 등이 있습니다.

캐릭터 이우일
홍익대학교에서 시각디자인을 공부한 만화가입니다. 그림책 작가인 아내 선현경, 딸 은서, 고양이 카프카와 함께 그림을 그리고 글을 쓰며 살고 있습니다. 지은 책으로 《우일우화》, 《옥수수빵파랑》, 《좋은 여행》, 《고양이 카프카의 고백》 등이 있고, 그린 책으로 《노빈손》 시리즈, 《용선생의 시끌벅적 한국사》 시리즈, 《교양으로 읽는 용선생 세계사》 시리즈 등이 있습니다.

용선생의 시끌벅적 과학교실

바다

글 사회평론 과학교육연구소 | 그림 김인하·뭉선생·윤효식 | 감수 맹승호 | 캐릭터 이우일

병 속의 편지는 어디로 흘러갈까?

사회평론

프롤로그

여러분, 안녕? 과학반을 맡은 용선생이야. 내 명성은 익히 들어 봤겠지? 역사반과 세계사반을 모두 훌륭하게 성공시키며 방과 후 교실 최고의 인기 교사가 된 그 용선생이란다. 교장 선생님께서 특별히 부탁하셔서 이번에는 과학반을 맡게 되었어. 어찌나 사정을 하시던지 도무지 거절할 수가 없었지 뭐야. 그래서 이 몸이 깜짝 놀랄 수업을 준비했단다.

우리의 수업은 언제나 질문과 함께 출발해. 세상을 둘러보다가 누군가 "저건 왜 그래요?" 하고 질문하면 바로 그 순간 수업이 시작되는 거지. 이제부터 용선생의 시끌벅적 과학교실을 제대로 즐기는 방법을 하나씩 알려 줄게.

첫째, 과학반 친구들과 함께 호기심을 갖고 질문해 봐. 과학을 어렵게만 생각하지 말고, 매 교시마다 아이들이 어떤 호기심을 가지는지 관심을 가져 봐. 과학반 친구들과 함께 '왜 그럴까?', '어떻게 알아낼 수 있을까?' 고민하다 보면 어렵던 과학도 쉽게 느껴질 거야.

둘째, 어려운 내용은 사진과 그림으로 이해해 봐. 어려운 과학 개념과 원리를 한 장의 사진이나 그림을 통해 단숨에 이해할 수도 있어. 그래서 너희를 위해 사진과 그림을 많이 준비했단다. 글을 읽다가 어렵다 싶으면 옆에 있는 사진과 그림을 봐. 잘 이해되지 않던 내용이 틀림없이 술술 이해될 거야.

셋째, 배운 내용을 되새기며 머릿속에 정리해 봐. 왁자지껄한 수업을 마치고 나면 뭘 배웠는지 정리가 안 될 때도 있을 거야. 그럴 때를 대비해 중간중간 핵심 정리를 준비했어. 또 배운 내용을 4컷 만화로 재미있게 요약해 두었지. 게다가 교시가 끝날 때마다 나선애의 정리노트도 마련했단다. 이 정도면 학습 정리는 문제없겠지?

과학은 분야도 다양하고 배울 내용도 아주 많아. 쉽게 이해할 수 있는 부분도 있지만, 여러 번 곰곰이 생각해 봐야 알 수 있는 부분도 있지. 이 책을 여러 번 다시 읽나 보면 구석구석 빠짐없이 모두 이해될 거야.

자, 이제 용선생의 시끌벅적 과학교실을 제대로 즐길 준비가 됐겠지? 그럼 신나는 수업을 시작해 볼까?

차례 | 바다

1교시 | 바다의 겉모습

바닷물은 얼마나 많을까?

지구의 물을 살펴볼까? … 13
바닷물의 양은 얼마일까? … 17
바다에도 이름이 있어! … 19
바닷물의 작품을 소개합니다 … 22

나선애의 정리 노트 … 26
과학퀴즈 달인을 찾아라! … 27
용선생의 과학 카페 … 28
 - 바다로 흘러간 물은 어떻게 될까?

교과연계
초 3-1 지구의 모습 | 초 3-2 지표의 변화
중 2 수권과 해수의 순환

3교시 | 염분

바닷물은 왜 강물과 맛이 다르지?

바닷물은 무슨 맛? … 49
바다의 소금은 어디서 왔을까? … 51
바닷물은 어디나 똑같이 짤까? … 53

나선애의 정리노트 … 60
과학퀴즈 달인을 찾아라! … 61
용선생의 과학 카페 … 62
 - 소금이 궁금해요!

교과연계
초 3-1 지구의 모습 | 중 2 수권과 해수의 순환

2교시 | 바다의 속 모습

바다야, 네 속을 보여 줄래?

바닷속 모습을 어떻게 알아낼까? … 33
해저 지형을 밝혀라! … 38
우리나라 주변의 바닷속 모습은? … 41

나선애의 정리노트 … 44
과학퀴즈 달인을 찾아라! … 45

교과연계
초 3-1 지구의 모습 | 중 2 수권과 해수의 순환

4교시 | 해류

병 속의 편지는 어디에서 왔을까?

바닷물이 흘러 흘러 … 66
해류는 왜 이렇게 흐를까? … 70
해류의 성질은 다 같을까? … 74

나선애의 정리노트 … 78
과학퀴즈 달인을 찾아라! … 79
용선생의 과학 카페 … 80
  - 바닷속 깊은 곳을 흐르는 해류는?

교과연계
초 3-1 지구의 모습 | 중 2 수권과 해수의 순환

6교시 | 해양 자원과 오염

바다가 우리에게 주는 선물은?

바다에 이렇게 다양한 자원이! … 101
바다에만 숨어 있는 신기한 보물은? … 103
바다를 지켜라! … 108

나선애의 정리노트 … 112
과학퀴즈 달인을 찾아라! … 113

교과연계
초 3-1 지구의 모습 | 중 2 수권과 해수의 순환

5교시 | 조류

바다가 갈라지는 마법의 정체는?

바다가 왜 갈라졌을까? … 85
밀물과 썰물은 왜 생길까? … 88
밀물과 썰물을 이렇게 이용해 … 91

나선애의 정리노트 … 94
과학퀴즈 달인을 찾아라! … 95
용선생의 과학 카페 … 96
  - 명량 해전에서 승리한 비결은?

교과연계
초 3-1 지구의 모습 | 중 2 수권과 해수의 순환

가로세로 퀴즈 … 114
교과서 속으로 … 116

찾아보기 … 118
퀴즈 정답 … 119

등장인물

용쓴다 용써!
용선생

- 체력 ★★★
- 지력 ★★★★★
- 감성 ★★★
- 호기심 ★★★★★
- 유머 ★★

열정이 가득한 과학 선생님. 하늘을 향해 거침없이 솟은 머리카락과 삐죽삐죽한 수염이 매력 포인트. 생생한 과학 수업을 하기 위해 물불을 가리지 않는다.

장하다 장해!
장하다

- 체력 ★★★★★
- 지력 ★
- 감성 ★★★★
- 호기심 ★★★★★
- 유머 ★★★★★

'튼튼하게만 자라 다오.'라는 아버지의 소원대로 튼튼하게 자랐다. 성격은 일등, 성적은 비밀이다. 시험을 못 봐도 씩씩하고, 엉뚱한 질문으로 수업에 활력을 준다.

오늘도 나선다!
나선애

- 체력 ★★★★
- 지력 ★★★★
- 감성 ★★★
- 호기심 ★★★★★
- 유머 ★★★

과학자를 꿈꾸는 우등생. 공부도 잘하고 아는 게 많아서 모든 일에 앞장서는 타입이다. 겉으로는 차가워 보이지만 내심 따뜻한 면도 가지고 있다. 전혀 티가 안 나서 그렇지.

잘난 척 대장
왕수재

- 체력 ★★★
- 지력 ★★★★
- 감성 ★
- 호기심 ★★★★★
- 유머 ★

세상에서 자기가 제일 잘난 줄 안다. '천재는 외로운 법이고 질투의 대상인 법'이라나. 친구들에게 깐족거리는 데에도 천재적이다. 그래도 수업에는 늘 적극적으로 참여한다.

낭만 가득
허영심

체력 ★★★★★
지력 ★★★
감성 ★★★★★
호기심 ★★★★
유머 ★★

감성이 풍부해도 너무 풍부하다. 떨어지는 낙엽이나 밤하늘의 별을 보며 눈물짓고, 조그만 벌레와 대화를 나누는 사차원 성격. 하지만 누구보다 정이 많고 낭만적이다.

과학반 귀염둥이
곽두기

체력 ★★★
지력 ★★★★
감성 ★★★★
호기심 ★★★★★
유머 ★★★★

형과 누나들의 귀여움을 독차지하는 과학반 막내. 나이도 가장 어리고 타고난 동안이라 언뜻 보면 유치원생 같다. 훈장 할아버지 덕에 어려운 단어를 줄줄 꿰고 있다.

우리를 찾아봐!

태평양
우리나라와 접해 있는 아주 큰 바다야.

파도
바다에 이는 물결로, 주로 바람이 불어서 파도가 일어나.

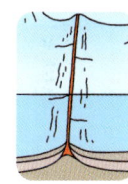
해령
바닷속에 높이 솟아오른 부분이 길게 이어진 곳이야.

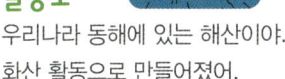
울릉도
우리나라 동해에 있는 해산이야. 화산 활동으로 만들어졌어.

염류
바닷물에 녹아 있는 여러 가지 물질을 말해.

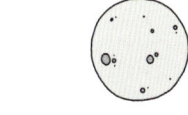
달
지구의 밀물과 썰물에 큰 영향을 미치는 천체야.

교과연계

초 3-1 지구의 모습
초 3-2 지표의 변화
중 2 수권과 해수의 순환

대체 끝이 어디야? 바닷물은 도대체 얼마나 많은 거지?

바닷물이 얼마나 많은지 궁금하니? 이제부터 알아보자고!

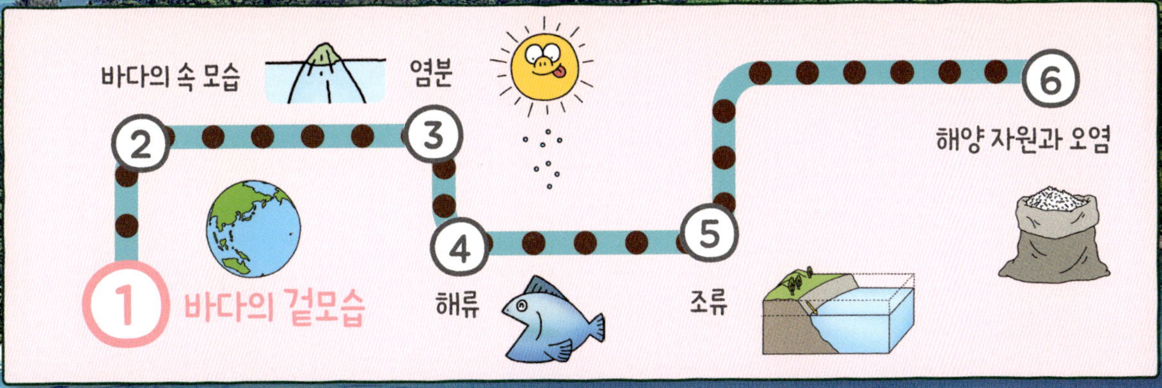

1 바다의 겉모습
2 바다의 속 모습
3 염분
4 해류
5 조류
6 해양 자원과 오염

"드디어 바다 도착!"

"바다가 뻥 뚫린 게 정말 시원해요!"

바닷가에 도착한 용선생과 아이들이 너도나도 크게 외쳤다.

"선생님, 저기 보이는 하늘과 바다가 닿은 선 너머에는 뭐가 있어요? 저 선을 넘어가면 바다의 끝인가요?"

"아니. 거기에도 계속 바다가 있지."

용선생의 말에 장하다가 말했다.

"와! 도대체 바다는 얼마나 큰 거예요? 도무지 끝이 안 보이는데……."

그 말을 들은 용선생이 빙긋이 웃으며 말했다.

"하하, 바다가 얼마나 큰지 다들 궁금하니? 좋아, 내일 수업 때 알아보자!"

지구의 물을 살펴볼까?

 다음 날 용선생은 낑낑대며 커다란 지도를 들고 과학실로 들어왔다. 그러자 아이들이 물었다.
 "어? 지도네요? 지도는 뭐 하시게요?"
 "어제 바다가 얼마나 큰지 궁금하다고 했잖아. 지도를 보면서 함께 알아보려고 준비했지."
 "우아! 좋아요."
 용선생은 지도를 벽면에 쫙 펼쳐 붙였다.
 "어? 그런데 흔히 보던 지도와 좀 다르게 생겼네요."
 "우리가 흔히 보는 지도는 사실 둥근 지구의 모습을 평평한 면에 펼쳐 놓은 모습이야. 그래서 실제 육지와 바다의 넓이와는 많이 달라. 이건 그나마 실제 넓이와 비슷한 지도이지."

 곽두기의 낱말 사전

바다 지구에서 육지를 제외하고 물로 덮여 있는, 크고 넓은 부분이야.

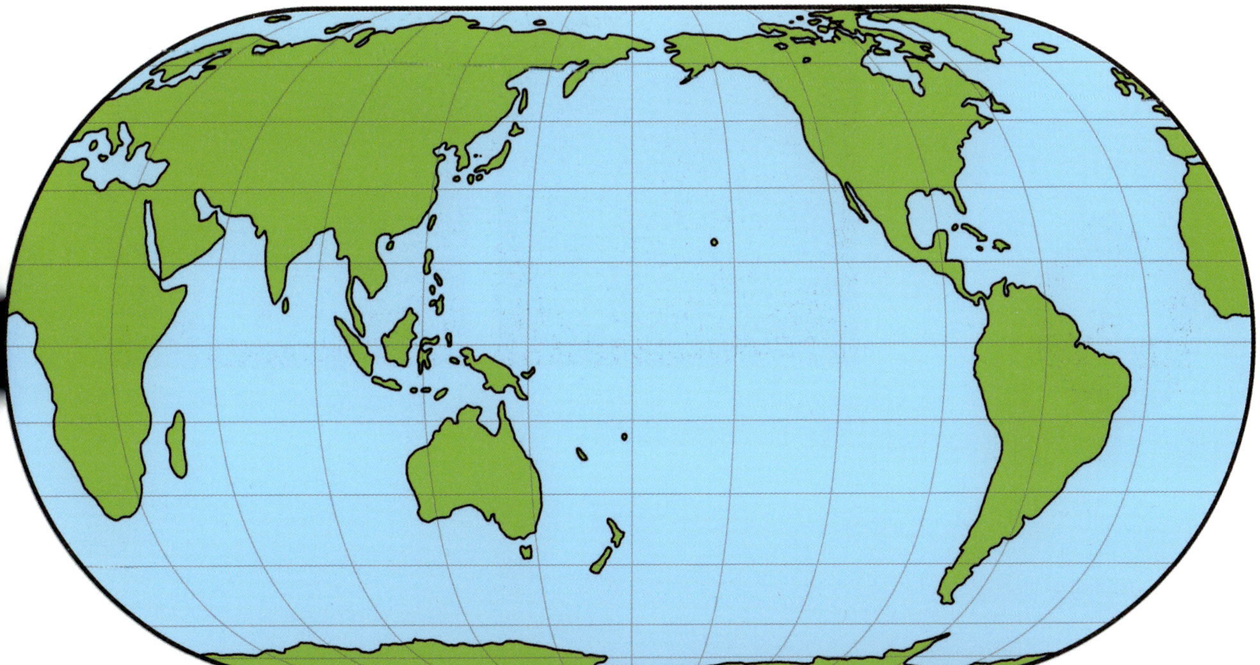

▼ **에케르트가 만든 지도** 독일의 에케르트라는 사람이 만든 지도야. 육지의 넓이가 비교적 실제와 가깝게 나타나 있어.

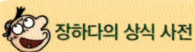
장하다의 상식 사전

%(퍼센트) 전체 양을 100으로 놓았을 때 어떤 것이 차지하는 양을 나타내는 단위야. 예를 들어, 70%는 전체 100 중 70을 차지한다는 뜻이지.

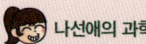
나선애의 과학 사전

천체 하늘 천(天) 물체 체(體). 우주에 있는 모든 물체를 말해. 태양, 지구, 달, 화성 등이 모두 천체이지.

태양계 태양과 태양의 영향을 받는 천체들 그리고 이들이 차지하는 공간을 말해.

아이들이 고개를 끄덕이자 용선생이 질문을 던졌다.
"지도에서 육지와 바다 중 어디가 더 넓어 보이니?"
"바다가 육지보다 넓어 보여요."
"그래. 지구 표면에서 바다는 70%(퍼센트) 정도이고 육지는 30% 정도란다."
"바다가 육지보다 두 배 이상 넓네요."
"그렇지. 우리는 지구에 바다가 있는 걸 당연하게 생각하지만, 사실 물이 겉으로 드러나 있는 천체는 태양계에서 지구밖에 없어."
"하긴 책에서 본 달이나 화성 사진에는 물이 없었어요."
"오늘날에는 과학자들이 달이나 화성에도 물이 있다는 사실을 밝혀냈어. 하지만 대부분 땅속이나 바위틈 같은 곳에 아주 조금 있는 정도이지."
"오호, 역시 우리가 사는 지구는 특별하네요."

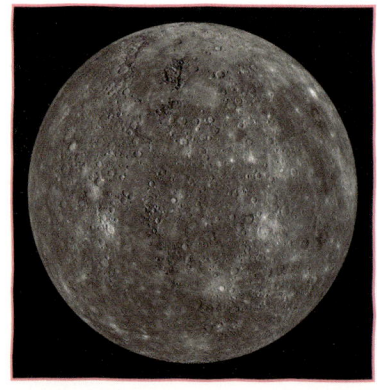
▲ 달

▲ 화성

"하하! 이처럼 지구에 물이 풍부하기 때문에 수많은 생명체가 지구에서 살아갈 수 있단다. 지구의 물을 좀 더 자세히 살펴볼까?"

용선생은 새로운 그림을 띄웠다.

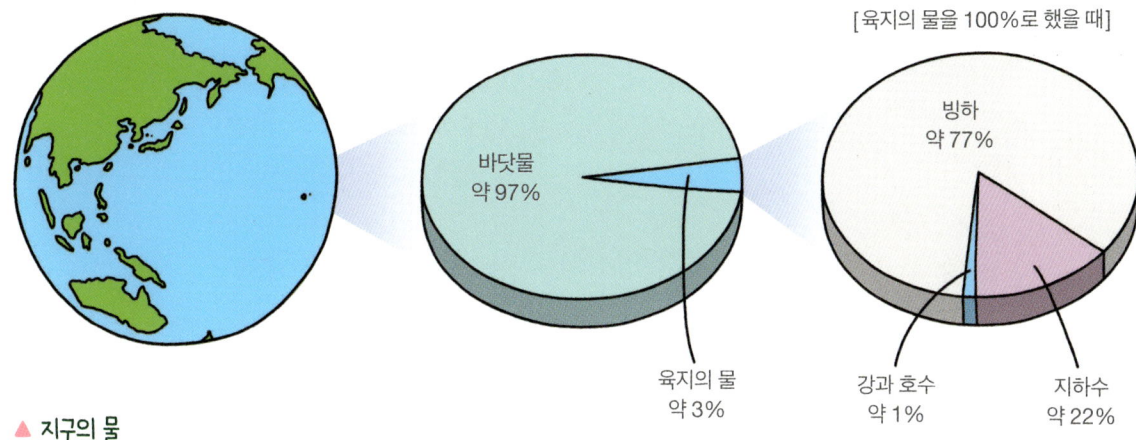

▲ 지구의 물

"이 그림은 지구의 물이 어떻게 이루어져 있는지 나타낸 거야. 보다시피 지구의 물은 대부분 짠맛이 나는 바닷물이야. 육지의 물은 짠맛이 나지 않는데, 이 중 빙하가 가장 많지."

"어? 빙하도 육지의 물에 포함돼요?"

"물론이지. 빙하는 극지방의 육지에 얼어 있는 물이라고. 육지의 물에서 빙하 다음으로 많은 것은 땅속에 있는 지하수이고, 나머지는 강이나 호수처럼 땅 밖으로 드러나 있는

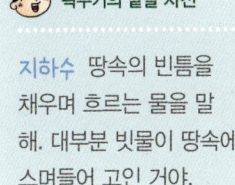

곽두기의 낱말 사전

지하수 땅속의 빈틈을 채우며 흐르는 물을 말해. 대부분 빗물이 땅속에 스며들어 고인 거야.

▲ **빙하** 극지방의 육지에 내린 눈이 오랜 시간 다져져 얼음덩어리가 된 거야.

물이지."

그때 허영심이 걱정스런 표정으로 말했다.

"그런데 바닷물은 소금물이라 바로 마시거나 수돗물로 쓸 수 없잖아요. 육지의 물은 우리가 사용하기에는 너무 적어 보여요."

"하하, 걱정 마. 지구에 있는 물의 양이 워낙 많다 보니, 낭비만 하지 않으면 육지의 물만으로도 우리가 사용하기에는 충분한 양이란다."

"정말요? 바닷물은 육지의 물보다 훨씬 많잖아요! 대체 바닷물은 얼마나 많은 거죠?"

 **핵심정리**

지구는 태양계에서 유일하게 물이 겉으로 드러나 있는 천체야. 바다는 지구 표면의 70% 정도를 차지해. 지구에 있는 물은 대부분 바닷물이야.

바닷물의 양은 얼마일까?

"그럼 바닷물의 양이 얼마나 되는지 정확히 알아볼까?"

"네! 좋아요."

"지구에 있는 바닷물을 모두 끌어모았다고 할 때, 그 부피는 약 13억 km³(세제곱킬로미터)란다."

> 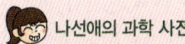 나선애의 과학 사전
> 부피 물질이 차지하는 공간의 크기를 말해.

그러자 곽두기가 눈썹을 찡그리며 말했다.

"숫자가 엄청 커 보이기는 한데…… 어느 정도인지 전혀 모르겠는데요?"

"하하, 쉽게 말해 줄게. 생수를 담는 2 L(리터)들이 페트병 있지? 그 페트병에 바닷물을 모두 나눠 담아서 지구에 사는 사람들에게 똑같이 나눠 준다고 해 보자. 현재 지구에 사는 사람은 약 77억 명인데, 한 사람당 바닷물 페트병을 약 840억 병씩 가질 수 있지."

840억 병씩 받아 가세요.

"끄억! 한 사람이 840억 병이요?"

"응. 여기서 한 가지 더! 바다의 평균 깊이는 3.7 km(킬로미터)나 된단다. 100 m(미터) 달리기를 연달아 37번이나 할 수 있는 거리이지."

"우아! 그렇다면 바다에서 가장 깊은 곳은 어디예요?"

> 장하다의 상식 사전
> 평균 여러 가지 값들의 중간 값을 나타내는 수야. 보통의 경우 값을 모두 더해서 개수로 나누면 평균을 구할 수 있어.

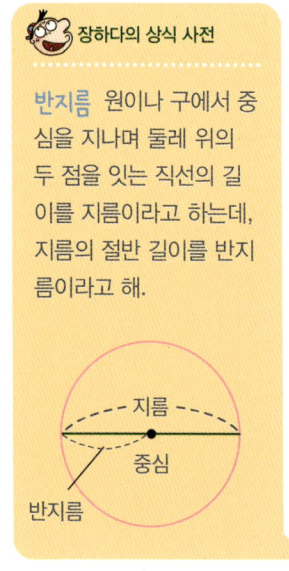

장하다의 상식 사전

반지름 원이나 구에서 중심을 지나며 둘레 위의 두 점을 잇는 직선의 길이를 지름이라고 하는데, 지름의 절반 길이를 반지름이라고 해.

"바다에서 가장 깊은 곳은 태평양에 위치한 마리아나 해구에 있단다. 해구는 바닷속에 있는 깊고 긴 골짜기를 말하는데, 마리아나 해구에서 가장 깊은 곳은 그 깊이가 약 11,000 m나 되지."

"그게 대체 얼마나 깊은 건데요?"

"세계에서 가장 높은 산인 에베레스트산을 통째로 넣고도 남을 정도야. 에베레스트산은 높이가 약 8,848 m나 되니까 얼마나 깊은지 알겠지?"

"정말 어마어마하게 깊네요!"

"그런데 말이야, 바다의 깊이도 지구의 크기에 비하면 별거 아니야. 지구의 반지름은 약 6,400 km로, 바다 깊이의

에베레스트산
8,848 m

가장 깊은 곳
약 11,000 m

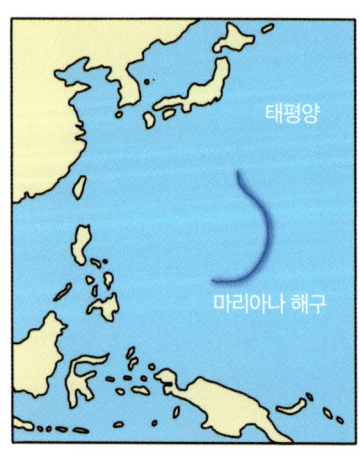

태평양

마리아나 해구

▲ **마리아나 해구** 우리나라 남동쪽에 있는 태평양 바닷속에 있어.

◀ **마리아나 해구의 깊이** 마리아나 해구에서 가장 깊은 곳은 약 11,000 m 깊이로, 에베레스트산이 모두 잠기고도 남을 정도야.

1,700배쯤 돼."

"1,700배라고요?"

곽두기가 눈을 크게 뜨며 놀라자 용선생이 교탁에서 사과를 하나 꺼내며 말했다.

"지구가 사과라고 치면, 바닷물은 사과 껍질보다도 얇은 정도이지."

"정말 지구에 물을 얇게 펴 발라 놓은 정도네요."

"그렇지?"

 핵심정리

바닷물의 부피는 약 13억 km^3야. 바다의 평균 깊이는 3.7 km이고, 바다 중 가장 깊은 곳은 에베레스트산이 통째로 잠길 정도로 깊어. 하지만 지구의 크기에 비해서는 얕아.

 바다에도 이름이 있어!

나선애가 곰곰이 생각하다 물었다.

"근데요, 선생님. 마리아나 해구가 태평양에 있다고 하셨는데, 태평양이 정확히 어디예요?"

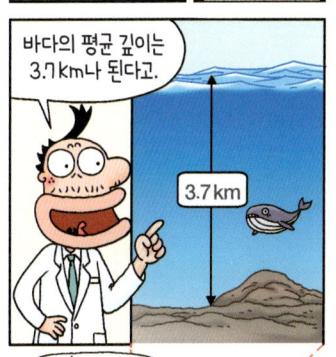

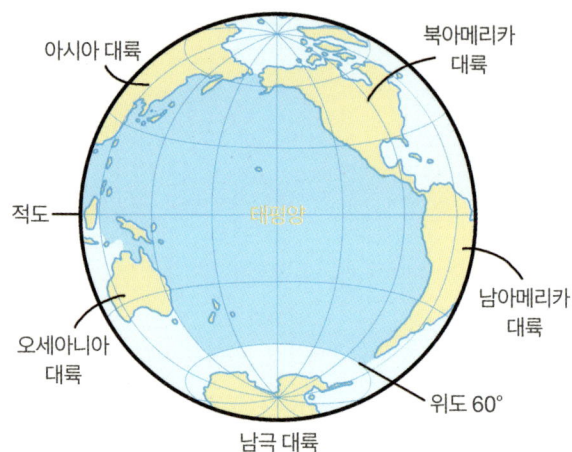

▶ **태평양** 색이 진한 부분이 태평양이야.

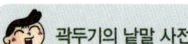
곽두기의 낱말 사전

대륙 큰 대(大) 뭍 륙(陸). 아주 넓은 육지를 말해.

대양 큰 대(大) 큰 바다 양(洋). 지구의 바다 중에서 특히 넓고 큰 바다를 말해.

용선생의 과학 현미경

아메리카 대륙 중 북쪽에 있는 것을 북아메리카 대륙, 남쪽에 있는 것을 남아메리카 대륙이라고 해.

"정말 좋은 질문이야. 너희들 태평양이라는 이름은 많이 들어 봤지?"

"네에!"

"지구의 바다는 모두 이어져 있지만 육지를 경계로 어느 정도 나뉘어. 육지 중에서도 크고 넓은 땅덩이를 대륙이라고 하고, 바다 중에서도 크고 넓은 바다를 대양이라고 해. 지구에는 대륙이 6개, 대양이 5개 있지. 이것을 묶어서 오대양 육대주라고 해."

"아하! 오대양 육대주는 많이 들어 봤어요."

"먼저 육대주는 아시아, 아프리카, 유럽, 오세아니아 그리고 두 개의 아메리카 대륙을 말해. 우리나라는 가장 큰 대륙인 아시아에 속해 있지."

"오, 그렇군요. 그러면 오대양은요?"

"태평양, 대서양, 인도양, 북극해, 남극해를 말해. 선애가

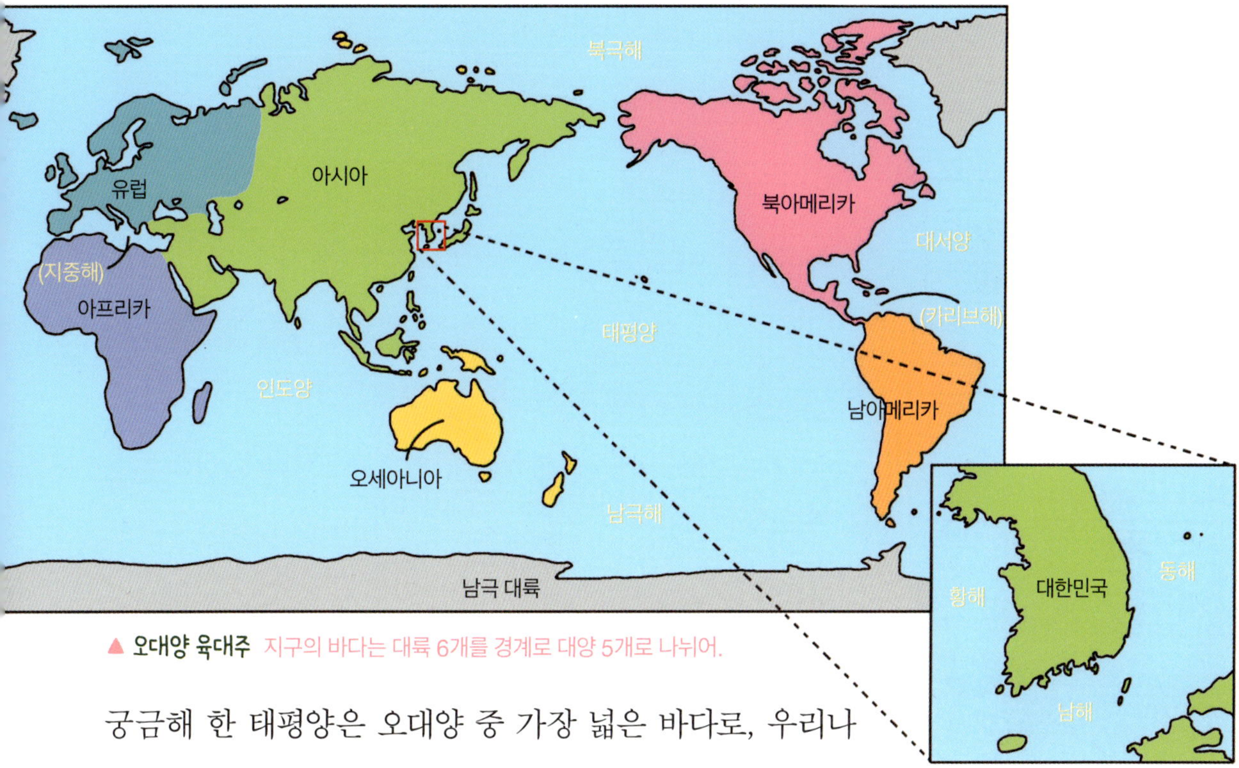

▲ 오대양 육대주 지구의 바다는 대륙 6개를 경계로 대양 5개로 나뉘어.

"궁금해 한 태평양은 오대양 중 가장 넓은 바다로, 우리나라와 접해 있지. 아시아, 오세아니아, 아메리카 대륙으로 둘러싸여 있고, 대륙과 닿지 않은 남쪽은 위도 60°(도)까지를 태평양으로 정했어."

"우리나라는 가장 넓은 바다에 접해 있네요. 그럼 나머지 대양은 정확히 어디를 말하는 거예요?"

"대서양은 유럽, 아프리카, 아메리카 대륙 사이에 있는 바다야. 그리고 인도양은 아시아, 아프리카, 오세아니아 대륙 사이에 있는 바다이지. 남극해는 남극 대륙을 둘러싼 바다이고, 북극해는 북극 주변의 바다를 말해."

그때 왕수재가 고개를 갸우뚱하며 물었다.

"어? 그러면 지중해는 오대양에 들지 않아요?"

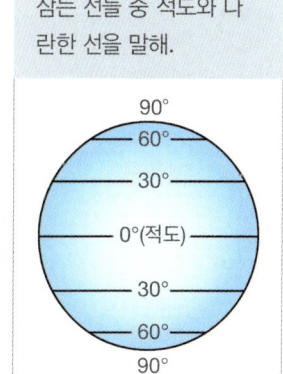

곽두기의 낱말 사전

위도 어떤 장소가 지구상에서 어느 위치에 있는지 나타내기 위해 기준으로 삼는 선들 중 적도와 나란한 선을 말해.

"아! 해적 영화에 나오는 카리브해도 있는데!"

아이들은 서로 자기가 아는 바다 이름을 외쳤다.

"하하, 지중해와 카리브해는 대서양의 일부야. 참고로 우리나라를 둘러싼 남해, 황해, 동해는 태평양의 일부란다. 황해가 우리나라의 서쪽 바다라는 건 알고 있지?"

"그럼요!"

핵심정리

지구의 바다는 모두 이어져 있지만 대륙 6개를 경계로 오대양으로 나뉘어. 오대양은 태평양, 대서양, 인도양, 남극해, 북극해를 말해.

 **바닷물의 작품을 소개합니다**

용선생은 갑자기 진지한 표정을 지으며 물었다.

"얘들아! 바다 옆에는 무엇이 있지?"

아이들은 순간 어리둥절한 표정을 지었다. 모두가 조용한 가운데 허영심이 낮은 소리로 중얼거렸다.

"육지인가?"

"정답! 바다는 육지와 접하고 있지. 바다와 맞닿은 육지는 끊임없이 바닷물의 영향을 받아."

곽두기가 허탈하게 웃으며 물었다.

"어떤 영향이요?"

"바닷가에 가면 쉴 새 없이 크고 작은 파도가 치지? 바다에 이는 물결을 통틀어 파도라고 해. 파도가 땅을 깎기도 하고, 바닷속 물질을 육지로 실어 오기도 하지."

"근데 파도는 왜 쉬지 않고 계속 쳐요?"

"파도가 치는 가장 큰 이유는 바람이 불기 때문이야. 바람이 불면 그 아래에 있는 바닷물이 함께 움직이거든."

"아, 파도가 치는 게 바람 때문이었구나."

"응. 오랜 세월 동안 파도가 육지에 계속 부딪치다 보면 육지의 모양이 바뀌어. 바닷물이 육지를 깎아 내는 거지. 이런 과정으로 바닷가에 특이한 지형이 만들어지기도 해."

"어떤 지형이요?"

"깎아지른 절벽이 생기기도 하고, 동굴이 생기기도 하고, 넓고 평평한 대지가 생기기도 하지. 바다가 만들어 낸 지형을 말할 때에는 앞에 해식이라는 말을 붙여. 해식 절벽, 해식 동굴, 해식 대지, 이렇게 말이야."

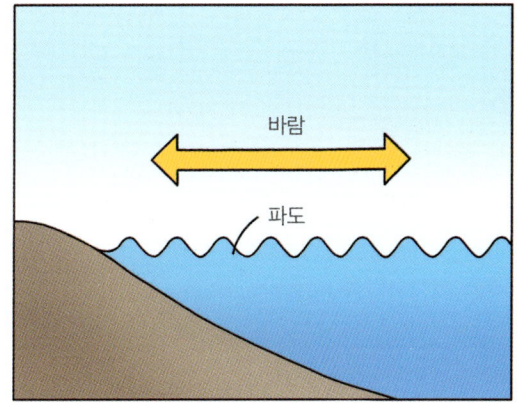

▶ **파도가 치는 까닭** 파도의 70% 정도는 바람 때문에 생겨. 바람 외에 밀물과 썰물, 바닷속에서 일어나는 지진 때문에 파도가 생기기도 해.

곽두기의 낱말 사전

지형 땅 지(地) 모양 형(形). 땅의 생김새를 말해. 우리가 야외에서 볼 수 있는 산, 들, 골짜기, 강, 호수, 바다 같은 것이 모두 지형이야.

나선애의 과학 사전

대지 넓고 평평한 모양의 땅을 말해.

해식 바다 해(海) 좀먹을 식(蝕). 바다가 갉아 먹었다는 뜻이야. 파도가 쳐서 바닷물이 바닷가의 땅을 깎아 내는 작용을 말해.

▲ 바닷가에서 볼 수 있는 여러 지형

"해식이 붙어 있으면 바닷가를 떠올리면 되겠군요?"

"하하, 좋은 생각이구나."

용선생이 목을 가다듬고 이어서 말했다.

"이번에는 반대로 바닷속에 있는 모래나 진흙 등이 떠밀려와 육지에 쌓인 경우를 알아보자. 바닷가에 모래가 잔뜩 쌓여 있는 곳이 어딜까?"

"해수욕장이요!"

"맞았어. 해수욕장에 모래 해변이 있지? 그 모래들은 육지에서 강물에 실려 오거나 바닷속에 있던 것들이 파도에 밀려와 쌓인 거야."

"그럼 진흙이 쌓인 곳은 어디예요?"

"바로 갯벌이야. 갯벌을 이루는 모래와 진흙 등도 모래

▼ 해수욕장의 모래 해변 열대 휴양지의 모래 해변이야.

해변과 마찬가지로 강 또는 바다에서 실려 왔지."

"근데 갯벌은 찐득찐득하고 발이 푹푹 빠지던데요?"

"하하, 물기가 많아서 그래. 갯벌은 하루에도 몇 번씩 바닷물에 잠겼다가 밖으로 드러났다가 하거든."

"그럼 바다가 되었다 육지가 되었다 하는 거예요?"

"맞아. 밀물 때에는 물에 잠기고 썰물 때에는 물 밖으로 드러나지. 이런 일이 계속 반복되다 보니 갯벌은 모래 해변보다 물기를 더 많이 머금고 있어."

아이들이 고개를 끄덕이자 장하다가 말했다.

"바다는 정말 신기한 것들을 많이 품고 있네요. 직접 가 보고 싶은 곳이 한두 군데가 아니에요."

"그렇게 말하니 선생님도 기분이 좋은데? 앞으로 바다에 대해 더 자세히 공부해 나가자고!"

핵심정리

바다와 맞닿은 육지에서는 해식 절벽, 해식 동굴, 해식 대지 등 파도에 깎여서 만들어진 지형을 볼 수 있어. 또 강이나 바다에서 모래나 진흙이 실려와 쌓인 모래 해변과 갯벌도 볼 수 있지.

▼ 갯벌 갯벌에 노을이 지는 모습이야.

나선애의 정리노트

1. 지구의 물
① 지구는 태양계에서 유일하게 물이 겉으로 드러나 있는 천체로, 표면의 약 30%는 육지, 약 ⓐ_____%는 바다임.
② 지구의 물은 짠맛이 나는 바닷물과 짠맛이 나지 않는 육지의 물로 이루어짐.
③ 육지의 물에서 ⓑ_____가 가장 많고, 그다음으로 ⓒ_____가 많음. 나머지는 강과 호수 물임.

2. 바닷물의 양
① 바다의 부피: 약 13억 km^3
② 바다의 깊이
 • 평균 약 3.7 km로, 에베레스트산이 모두 잠길 정도로 깊은 곳도 있음.
 • 지구의 크기에 비해서는 매우 얕음.

3. 오대양
① 태평양, 대서양, 인도양, 북극해, 남극해
② 우리나라는 오대양 중 ⓓ_____에 접해 있음.

4. 바닷가의 지형
① 파도에 깎인 지형: 해식 절벽, 해식 동굴, 해식 대지 등
② 강이나 파도에 실려 온 모래나 진흙이 쌓인 지형: 모래 해변, ⓔ_____ 등

ⓐ 70 ⓑ 빙하 ⓒ 지하수 ⓓ 태평양 ⓔ 갯벌

과학퀴즈 달인을 찾아라!

●정답은 119쪽에

01

친구들이 이번 시간에 배운 내용에 대해 이야기하고 있어. 옳으면 O, 옳지 않으면 X를 표시해 줘.

① 지구의 물 중 가장 많은 것은 바닷물이야. (   )
② 오대양은 서로 완전히 분리되어 있어. (   )
③ 우리나라의 남해는 대서양의 일부야. (   )

02

아래 네모 칸에 있는 글자를 가로, 세로, 혹은 대각선으로 연결해서 오대양의 이름을 모두 찾아봐.

지	중	해	복	근	대
구	태	편	양	인	서
북	병	평	하	왕	양
극	서	울	양	토	곡
해	근	허	남	극	해
회	화	인	도	양	북

| 용선생의 과학 카페 | 용선생의 한국사 카페 | 용선생의 세계사 카페 | |

https://cafe.naver.com/yongyong

용선생의 과학 카페

과학계의 핵인싸, 용선생의 과학 카페에 오신 걸 환영합니다.

Log in

MENU

물리면 아프다
화학이 화하하
생물 오징어
지구는 둥글다

바다로 흘러간 물은 어떻게 될까?

 선생님, 궁금한 게 있어요. 강물은 계속 바다로 흘러가잖아요. 바닷물이 점점 많아져서 넘치기라도 하면 어떡해요?

 하하, 바닷물은 넘치지 않아. 지구의 물은 계속 돌고 돌거든.

 지구의 물이 계속 돈다고요?

 응. 이걸 '물의 순환'이라고 해. 순환은 계속 돌고 돈다는 뜻이야. 먼저 바다에서는 바닷물이 끊임없이 수증기가 되어 공기 중으로 올라가. 이러한 현상을 증발이라고 하지.

 웅덩이에 고인 물이 점점 줄어드는 것처럼요?

 맞아. 바다에서 증발한 수증기는 공기 중에 머물기도 하고 하늘 높이 올라가 구름이 되기도 해. 구름 속 물은 비나 눈이 되어 다시 땅이나 바다로 내려오지.

아하, 바다에서 하늘로 올라간 물이 다시 내려오는군요.

장하다의 오답을 피하는 방법

나선애의 야무진 실험실

 그래. 비나 눈이 바다로 떨어지면 다시 바닷물이 되고, 육지에 떨어지면 강물이나 지하수가 돼.

왕수재의 아는 척 과학교실

허영심의 별 헤는 밤

곽두기의 빅뱅 따라잡기

 그럼 강물은 다시 바다로 흘러가고요. 어? 그런데 지하수는 땅속에 있잖아요.

▲ 물의 순환

 지하수도 땅속에서 낮은 곳으로 흐르다 결국 바다로 흘러간단다. 이렇게 바다로 돌아온 물은 다시 증발해서 수증기가 되어 공기 중으로 올라가지.

COMMENTS

 앗! 정말 지구의 물이 한 바퀴 돈 셈이네요.

 지구의 물처럼 내 용돈도 계속 돌고 돌았으면….

 ㄴ 내 간식도!

 맞아. 이렇게 지구의 물은 계속 돌고 돌아. 그러니 바닷물이 넘칠 걱정은 안 해도 되겠지?

 ㄴ 내 게임 아이템도!

 ㄴ 나는 빼 줘!

과학실 안으로 들어온 나선애가 영심이의 손에 들린 사진을 보며 물었다.
"영심아, 무슨 사진이야?"
"얼마 전에 제주도에 가서 바닷속 걷기 체험을 했거든. 그때 찍은 거야."
"푸하하! 머리에 쓴 이상한 헬멧은 뭐야?"

장하다가 웃음을 터뜨렸다.
"공기 호스가 연결된 헬멧이야. 이 헬멧만 쓰면 바닷속에서도 숨을 쉴 수 있어."
"우아! 신기해! 바닷속을 직접 걸어 보니 어땠어?"
"물속이라는 것만 빼면 육지랑 비슷하던데? 평평한 땅이 있더라고."
"그래? 바닷속은 다 그렇게 생겼나?"

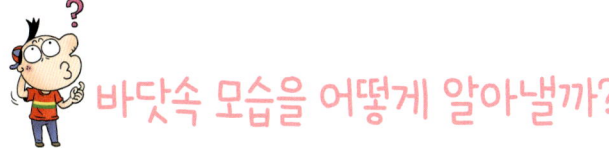
바닷속 모습을 어떻게 알아낼까?

아이들의 대화를 들은 용선생이 웃으며 말했다.

"바닷속의 땅 모양도 육지만큼이나 다양하단다. 이러한 바닷속 지형을 해저 지형이라고 해."

"근데 해저 지형이 다양하다는 걸 어떻게 알아냈어요? 깊은 바닷속에 있는데."

곽두기가 묻자 장하다가 손을 들고 말했다.

"저는 알 것 같아요. 아마도 잠수함을 타고 들어가 알아냈겠죠?"

"그래. 얕은 바다는 사람이 직접 들어가서 눈으로 확인하면 되고, 사람이 직접 들어갈 수 없을 정도로 깊은 곳은 잠수함을 타고 가서 관측할 수 있지. 하지만 지구 전체의 해저 지형을 이런 식으로 일일이 관측해서 알아내기는 어려워."

"왜요?"

"지구 전체의 바다가 엄청나게 넓으니까 말이야."

"아……. 그럼 어떡해요?"

"그래서 일일이 들어가지 않고도 바다의 깊이를 재서 해저 지형을 알아내는 방법을 생각해 냈지."

"바다의 깊이요? 그걸 재면 해저 지형을 알 수 있어요?"

곽두기의 낱말 사전

해저 바다 해(海) 밑 저(底). 바다 밑을 뜻해.

나선애의 과학 사전

관측 볼 관(觀) 잴 측(測). 맨눈이나 기계를 이용해 자연 현상의 상태나 변화 등을 관찰하여 측정하는 일을 말해.

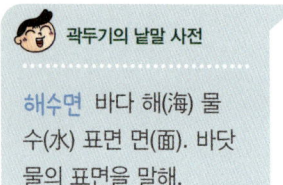

해수면 바다 해(海) 물 수(水) 표면 면(面). 바닷물의 표면을 말해.

"응. 바다의 깊이는 해수면부터 밑바닥까지의 거리를 말해. 바닷속에 높이 솟은 지형이 있다면 해수면부터 바닥까지 거리가 짧을 것이고, 푹 꺼진 지형이 있다면 거리가 길겠지. 배를 타고 가면서 이런 식으로 쭉 깊이를 재면 해저 지형을 알아낼 수 있어."

"깊은 바닷속의 깊이는 어떻게 재요? 설마 자로 재진 않겠죠?"

"자로 재는 게 맞아. 엄청나게 긴 줄자를 이용하거나 아주 긴 밧줄에 눈금을 표시해서 사용하지."

"헉! 정말 자로 잰다니……."

"그런데 이 방법은 단점이 있어. 한 장소에서 줄자를 넣어서 깊이를 확인하고, 다른 장소에 가서 다시 줄자를 넣어서 깊이를 확인해야 하니까……."

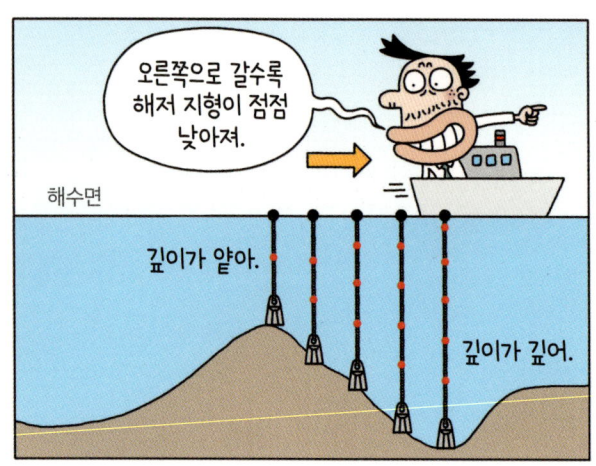

▲ 바다의 깊이를 재서 해저 지형을 알아내는 방법

"그러니까요! 그렇게 해서 이 넓은 바다를 언제 다 재요?"

"하하! 그래서 과학자들이 또 새로운 방법을 생각해 냈지. 바로 메아리의 원리를 이용해 바다의 깊이를 재는 방법이야."

"메아리라면…… 산에 올라가서 '야호!' 하고 외치면 조

용선생의 과학 현미경

챌린저호, 최초로 바다의 깊이를 재다.

영국의 챌린저호는 세계 최초로 오로지 바다만을 연구하기 위해 탐사를 떠난 배야. 1872년부터 1876년까지 약 3년 6개월 동안 전 세계 바다를 돌아다녔어. 그러면서 깊은 바다를 탐사하고, 바닷물의 성분을 조사하고, 바닷속에 쌓여 있는 물질을 분석했지. 챌린저호에서 이루어진 여러 가지 연구들을 통틀어 챌린저 탐사라고 불러. 이 중에는 바다의 깊이를 조사한 연구 결과도 있단다.

▲ 챌린저호

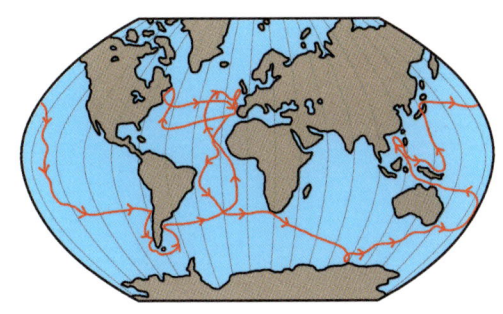
▲ **챌린저호의 항해 경로** 챌린저호는 무려 127,000 km나 되는 거리를 항해했어. 지구를 세 바퀴 정도 돈 셈이지.

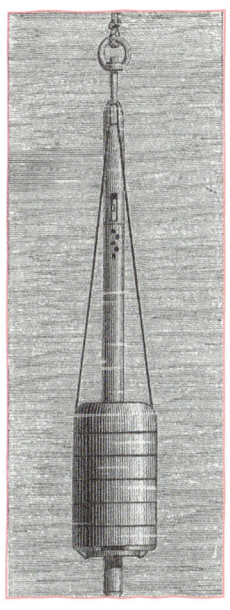
▲ 챌린저호에서 밧줄에 매달았던 금속 추

챌린저호에서는 자를 이용해 길이를 재는 원리로 바다의 깊이를 알아냈어. 당시에는 바다의 깊이를 잴 만큼 긴 자가 없었어. 그래서 기다란 밧줄에 일정한 간격마다 리본을 묶어서 줄자처럼 만들었어. 또 밧줄이 똑바로 잘 내려가게 하려고 끝에 무거운 추도 달았지. 이렇게 해서 바다에 넣으면, 밧줄은 내려가는 동안 무거운 추 때문에 팽팽하다가 어느 순간 느슨해져. 밧줄 끝이 바닥에 닿은 거야. 그럼 다시 팽팽해지게 살짝 당겨서 밧줄이 해수면부터 밑바닥까지 똑바로 서게 해. 이때 밧줄이 물에 잠겨 있는 길이가 바로 바다의 깊이란다.

챌린저호의 탐사자들은 추를 매단 밧줄을 일일이 바다에 담가 팽팽하게 조절해 가면서 바다의 깊이를 쟀어. 무척 힘들어 보이는 방법이지만, 이 방법으로 태평양과 대서양 한가운데의 깊이까지 알아냈단다. 탐사자들의 노력이 정말 대단하지?

▲ 메아리 소리는 벽에 부딪치면 되돌아오는 성질이 있어.

"금 이따가 소리가 울리는 거 말이에요?"

"응. 메아리는 '야호!' 소리가 다른 산봉우리에 부딪쳐서 되돌아오는 현상이야. 메아리뿐 아니라 모든 소리가 그래. 퍼져 나가다가 벽에 부딪치면 되돌아오는 성질이 있어."

"그게 바다의 깊이를 재는 거랑 무슨 상관이에요?"

"바다 표면에서 바닥을 향해 소리를 질렀다고 상상해 봐. 소리가 바닥에 부딪치면 어떻게 될까?"

"메아리처럼 소리 지른 사람에게 되돌아오겠죠!"

"맞아. 그런데 메아리는 소리를 지르고 잠시 후에 울리지? 이처럼 소리는 나아가는 데 시간이 걸려. 이러한 원리를 이용해 바다의 깊이를 잴 수 있어. 해수면에서 바닥을 향해 소리를 발사하고, 그 소리가 바닥에 부딪쳐 다시 돌아오는 데 걸리는 시간을 재면 되거든."

"소리가 다시 돌아오는 시간이요?"

"응. 소리는 바닷물 속에서 1초에 약 1,500 m 거리를 가. 만약 배에서 바다를 향해 소리를 발사했을 때 소리가 2초 만에 되돌아왔다면, 소리가

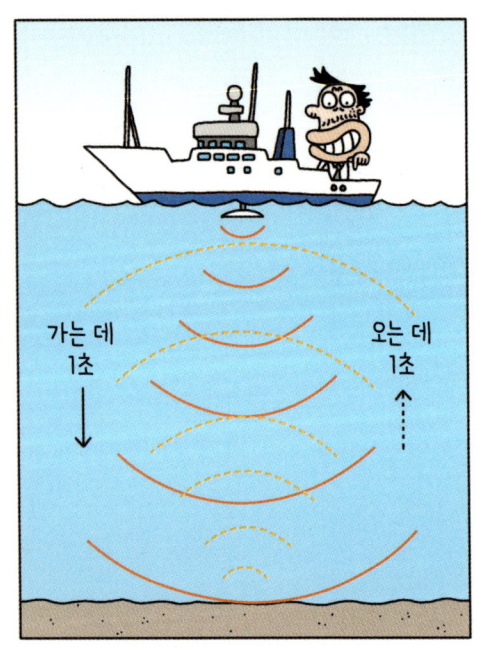

▲ 소리를 이용해 바다의 깊이를 재는 원리 소리가 갔다 오는 데 걸린 시간을 재서 바다의 깊이를 알아내. 소리가 2초 만에 되돌아왔다면 바닥까지 가는 데에는 그 절반인 1초가 걸린 거야. 그럼 소리가 1초 동안 가는 거리가 바다의 깊이이지.

바닥까지 가는 데에는 얼마가 걸린 걸까?"

나선애가 얼른 대답했다.

"1초가 걸린 거죠. 가는 데 1초, 돌아오는 데 1초."

"맞아. 따라서 그곳 바다의 깊이는 소리가 1초 동안 간 거리인 약 1,500 m란 걸 알 수 있지."

"아하, 생각보다 쉽네요."

"그렇지? 이처럼 소리가 바닥까지 가는 데 걸린 시간만 알면 바다의 깊이를 쉽게 알 수 있어."

아이들이 모두 고개를 끄덕였다.

"여기에 이용되는 소리가 바로 초음파라는 거야."

"초음파요?"

"응. 초음파는 음이 너무 높아서 사람의 귀로는 들을 수 없는 소리인데, 보통의 소리보다 멀리까지 나아가는 성질이 있어. 그래서 깊은 바다의 깊이도 잴 수 있지."

"오호, 정말 좋은 방법이네요."

"그렇지? 초음파를 이용하면 가장 좋은 점은 배를 타고 가면서 바다의 깊이를 바로바로 알아낼 수 있다는 거야."

핵심정리

해저 지형은 바닷속에 들어가서 관측하거나 바다의 깊이를 직접 재서 알아낼 수 있어. 오늘날에는 초음파로 바다의 깊이를 재서 해저 지형을 알아내.

해저 지형을 밝혀라!

"과학자들은 오랫동안 연구한 끝에 지구의 해저 지형을 알아냈어. 바닷속에는 아주 다양한 지형들이 있지. 이 그림을 볼래?"

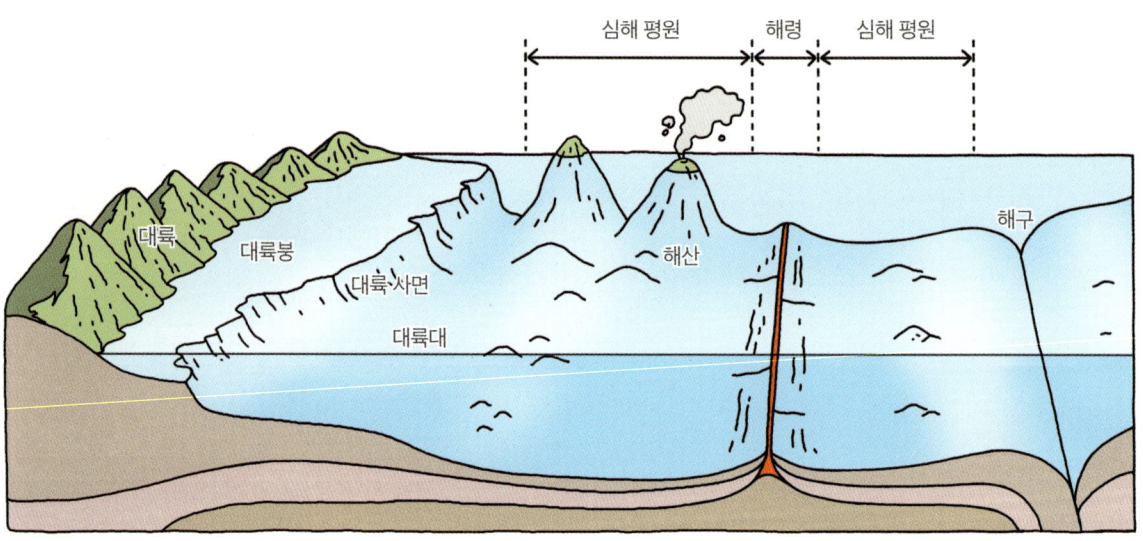

▲ 해저 지형

"우아! 바닷속에도 육지처럼 산이랑 골짜기가 있네요."

"들판처럼 넓고 평평한 곳도 있고요."

"하나씩 살펴볼까? 대륙에서 가까운 곳부터 대륙붕, 대륙 사면, 대륙대가 있는 게 보이니?"

"네!"

"대륙붕은 수심이 200 m보다 얕은 지역이야. 경사가 완

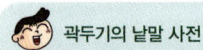

곽두기의 낱말 사전

수심 물 수(水) 깊을 심(深). 강이나 호수, 바다 등 물의 깊이를 말해.

만하고 석유 같은 물질이 묻혀 있는 경우가 많아."

"딱 봐도 얕아 보이네요."

"대륙붕 끝에 갑자기 수심이 깊어지는 곳은 대륙 사면이야. 경사가 급한 지형이지. 대륙 사면에서 이어지는 평평한 지형은 대륙대란다."

용선생은 그림을 가리키며 설명을 계속했다.

"더 깊은 바다로 들어가면 심해 평원, 해산, 해령, 해구가 있어. 심해 평원은 수심이 3,000~6,000 m에 이르는 평평한 지형이야. 전 세계 해저 지형의 대부분이 심해 평원이지."

"그럼 해산은 뭐예요? 바다 밑에 산이 있나요?"

"맞아! 해산은 심해 평원에서 화산이 폭발하면서 만들어진 해저 화산이야."

"헉, 바닷속에서도 화산이 폭발해요?"

"응. 그뿐만이 아니야. 주변 심해 평원보다 높이 솟아오른 부분이 길게 이어진 곳도 있다고."

"그건 뭐라 불러요?"

▲ **대서양 중앙 해령** 세로로 길게 이어진 진한 부분이 해령이야.

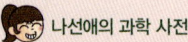
나선애의 과학 사전

해령 바다 해(海) 고개 령(嶺). 바다에 있는 높은 고갯마루라는 뜻이야.

해구 바다 해(海) 도랑 구(溝). 바다에 있는 깊은 도랑이라는 뜻이야.

"바로 해령이라고 하지. 또, 해구는 수심이 6,000 m가 넘는 좁고 긴 골짜기를 말해. 주로 대륙 사면과 심해 평원 사이에 발달한 지형이지. 마리아나 해구 기억나지?"

"네! 해구가 그런 뜻이었군요."

아이들이 고개를 끄덕이자 용선생이 다음 사진을 띄웠다.

"오늘날 밝혀진 전 세계 해저 지형은 이런 모습이야."

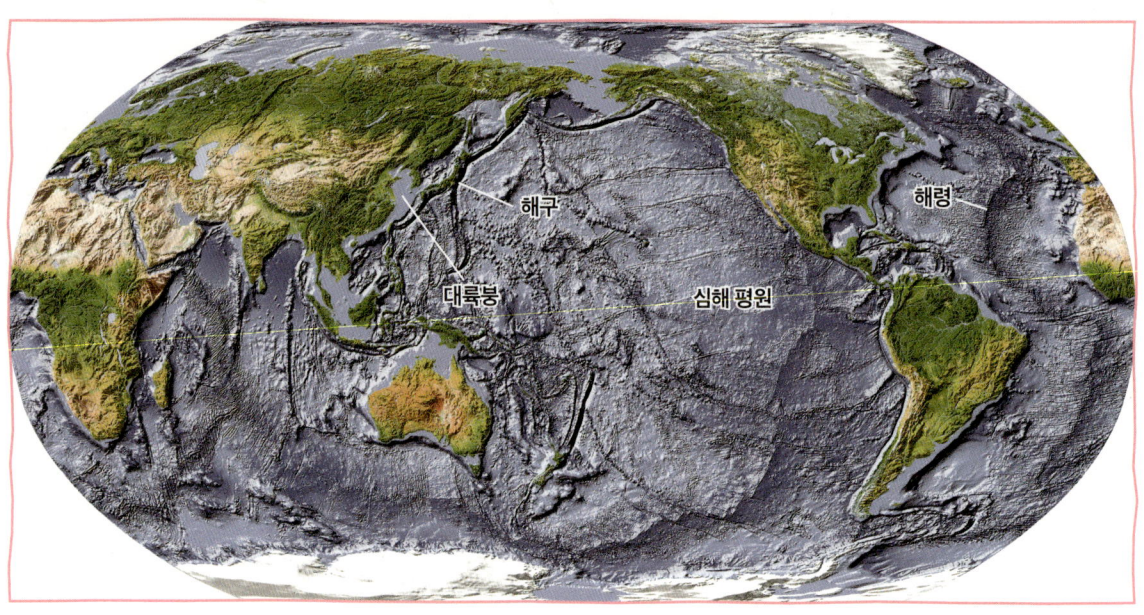

▲ 세계 해저 지형

핵심정리

바닷속에는 심해 평원, 해산, 해령, 해구 등 육지만큼이나 다양한 해저 지형이 있어.

 ## 우리나라 주변의 바닷속 모습은?

그때 왕수재가 손을 번쩍 들었다.

"선생님, 그러면 우리나라 주변의 바닷속은 어때요?"

"좋았어. 우리나라 주변의 해저 지형을 한번 알아볼까? 일단 우리나라는 북쪽을 뺀 나머지 삼면이 바다로 둘러싸여 있어."

"저 알아요. 남해랑 황해랑 동해요."

"맞아. 세 바다는 해저 지형이 조금씩 달라. 먼저 남해부터 살펴보자. 남해는 대부분이 대륙붕으로 이루어져 있고, 수심은 100 m 안팎이야."

▲ **우리나라 주변의 해저 지형** 파란색이 짙을수록 수심이 깊고, 옅을수록 수심이 얕아. 황해와 남해는 대부분 대륙붕으로 이루어져 있어.

"그러면 비교적 얕은 바다네요."

"그렇지. 황해는 남해보다 더 얕아. 수심이 평균 44 m밖에 안 되거든. 황해는 우리나라를 둘러싸고 있는 바다 중 제일 얕고 해저 지형 전체가 대륙붕으로 이루어져 있단다."

장하다가 고개를 갸우뚱하며 물었다.

"그러면 동해는 어때요? 동해도 얕은가요?"

"아니, 그렇지 않아. 동해의 평균 수심은 1,500 m 정도야."

"네에? 남해나 황해에 비해 굉장히 깊은데요?"

> 용선생의 과학 현미경
>
> 남해에 있는 제주도 화산으로 만들어진 섬이야. 하지만 제주도는 심해 평원이 아니라 대륙붕에서 생겨난 화산이라, 엄밀히 말하면 해산이 아니야.

"맞아. 그래서 동해에서는 앞에서 살펴본 해저 지형들을 대부분 볼 수 있어. 대륙붕뿐 아니라 대륙 사면, 대륙대도 있어. 게다가 깊은 심해 평원도 있고, 해산인 울릉도와 독도도 있지."

"울릉도와 독도는 그냥 섬인 줄만 알았는데……."

"높이 솟은 해산이 바다 위로 드러나서 섬이 된 거지. 둘 다 바닷속에서 화산이 터져서 생긴 해산이란다."

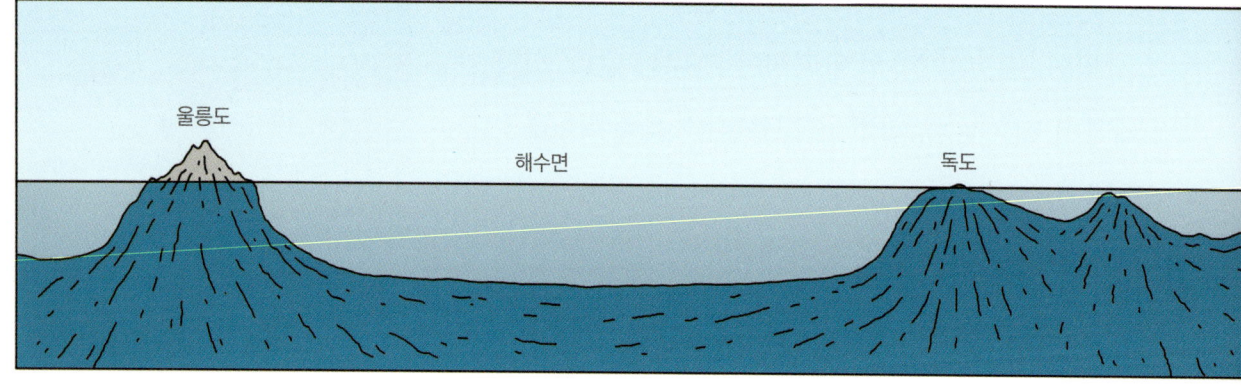

▲ **울릉도와 독도 부근 해저 지형** 울릉도와 독도는 심해 평원에서 화산 활동으로 생겨난 해산이야. 해산 윗부분이 바다 위로 드러나서 섬이 되었어.

"오오, 그렇군요!"

"이제 우리나라 주변의 바닷속이 어떻게 생겼는지 잘 알겠지?"

용선생이 수업을 마치려고 하는데 왕수재가 말했다.

"그러면 다음 번 체험 활동은 해산을 직접 보러 울릉도로 가는 게 어떨까요?"

"맞아요! 간 김에 독도까지 보고 와요! 네?"

아이들의 말에 용선생이 씩 웃으며 말했다.

"좋아! 울릉도에 가려면 일단 동해안까지 버스를 세 시간 타고 간 다음 배로 또 세 시간만 가면 돼. 아, 울릉도 뱃길은 파도가 아주 험해서 멀미가 심할 텐데, 그 정도는 다들 괜찮지?"

용선생의 말에 아이들의 표정이 싹 바뀌었다.

"하하……. 저는 더 크면 가 볼래요."

"저, 저도 좀 더 큰 다음에 가도 될 거 같아요!"

아이들은 도망치듯 하나둘씩 교실을 빠져나갔다.

> 남해는 해저 지형의 대부분이 대륙붕이고, 황해는 해저 지형 전체가 대륙붕이야. 동해는 심해 평원, 해산 같은 해저 지형이 다양하게 나타나.

나선애의 정리노트

1. 해저 지형을 알아내는 법
① 사람이 직접 들어가거나 ⓐ [　　] 을 타고 바닷속에 들어가서 지형을 직접 보고 알아냄.
② 바다의 깊이를 재서 해저 지형을 알아냄.
- 긴 줄자나 밧줄 등을 이용
- 소리의 한 종류인 ⓑ [　　] 를 이용

2. 해저 지형의 종류

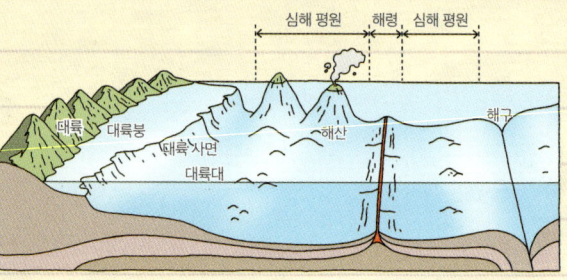

3. 우리나라 주변의 해저 지형
① 남해: 대부분 ⓒ [　　]
② 황해: 전체가 대륙붕
③ 동해: 심해 평원, 해산 등 여러 해저 지형이 다양하게 나타남.
- 섬이 된 해산: 울릉도와 ⓓ [　　]

ⓐ 잠수함 ⓑ 초음파 ⓒ 대륙붕 ⓓ 독도

 # 과학퀴즈 달인을 찾아라!

●정답은 119쪽에

01

친구들이 이번 시간에 배운 내용에 대해 이야기하고 있어. 옳으면 O, 옳지 않으면 X를 표시해 줘.

① 해저 지형을 알아내려면 바닷속으로 직접 들어가서 봐야만 해. ( )

② 육지는 대륙붕과 이어져 있어. ( )

③ 우리나라 주변 바다 중 남해가 가장 깊어. ( )

02

장하다가 미로를 통과하려고 해. 해저 지형에 해당하는 것을 따라가면 미로에서 빠져나올 수 있대. 장하다에게 올바른 길을 알려 줘.

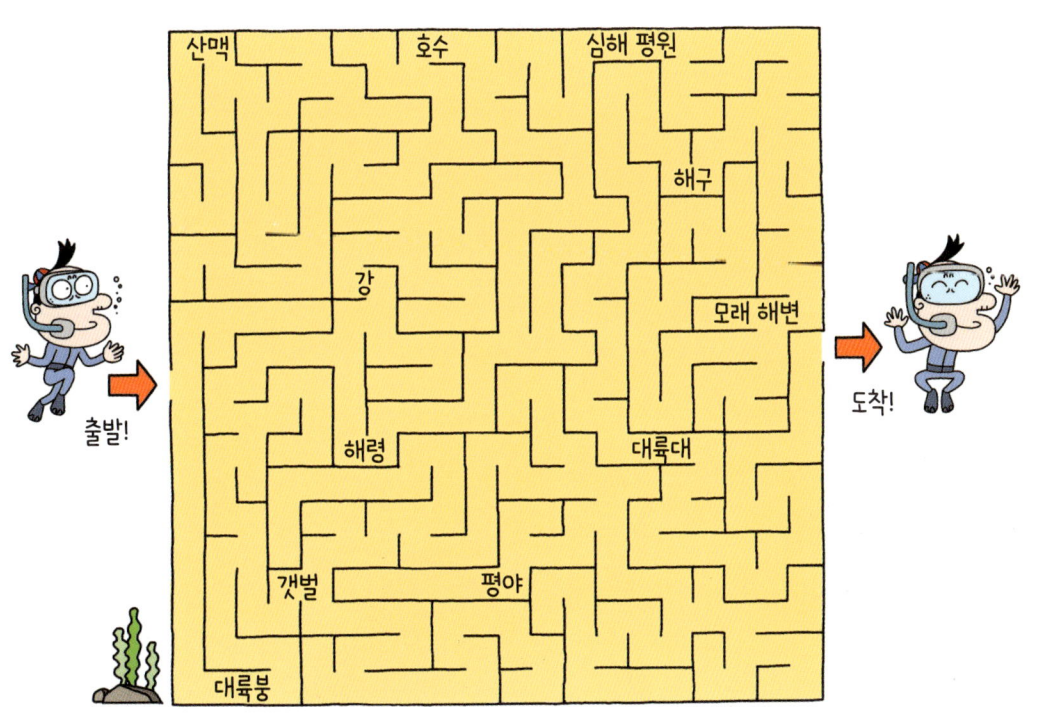

3교시 | 염분

바닷물은 왜 강물과 맛이 다르지?

튀튀튀! 어휴, 짜!

콜록! 바닷물이니까 짜지.

교과연계

초 **3-1** 지구의 모습
중 **2** 수권과 해수의 순환

바닷물은 왜 짠 거죠?

바닷물이 짠 데에는 다 이유가 있지.

바다의 속 모습 — **염분** ③

① 바다의 겉모습
②
③ 염분
④ 해류
⑤ 조류
⑥ 해양 자원과 오염

"두기야, 뭐 보고 있어?"

허영심이 책을 읽고 있는 곽두기에게 다가가 물었다.

"동화책인데, 여기 재미있는 게 있어."

"뭔데?"

곽두기의 말에 아이들이 모여들었다.

"바닷속에 소금을 만드는 맷돌이 가라앉아 있대. 그래서 바닷물이 짠 거래. 바닷속에서 그 맷돌이 계속 소금을 만들어 내고 있어서."

"말도 안 돼!"

"말이 왜 안 돼? 그럼 바닷물이 왜 짠데?"

허영심이 한쪽 눈썹을 치켜올리며 고민했다.

"그래도 뭔가 과학적인 이유가 있을 것 같은데……. 오늘 수업 때 선생님께 여쭤봐야겠다."

 바닷물은 무슨 맛?

허영심은 곽두기와 했던 이야기를 설명했다.

"그러니 오늘은 바닷물이 왜 짠지 알아봐요."

다른 아이들도 궁금하다는 듯 용선생을 쳐다봤다.

"다들 실수로 바닷물을 먹어 본 적이 있을 거야."

그러자 아이들이 입을 모아 "그럼요!" 하고 외쳤다.

"하하! 그때 맛이 어땠니?"

"그야 무지 짰죠."

"그렇지? 그런데 바닷물 맛을 잘 느껴 보면 짠맛 외에 쓴맛도 살짝 느낄 수 있어. 바닷물에는 짠맛과 쓴맛을 내는 여러 가지 물질이 녹아 있거든. 이러한 물질들을 통틀어 염류라고 불러."

"바닷물에 염류라는 게 녹아 있군요."

용선생은 고개를 끄덕이며 그림을 띄웠다.

▼ 바닷물을 이루는 물질

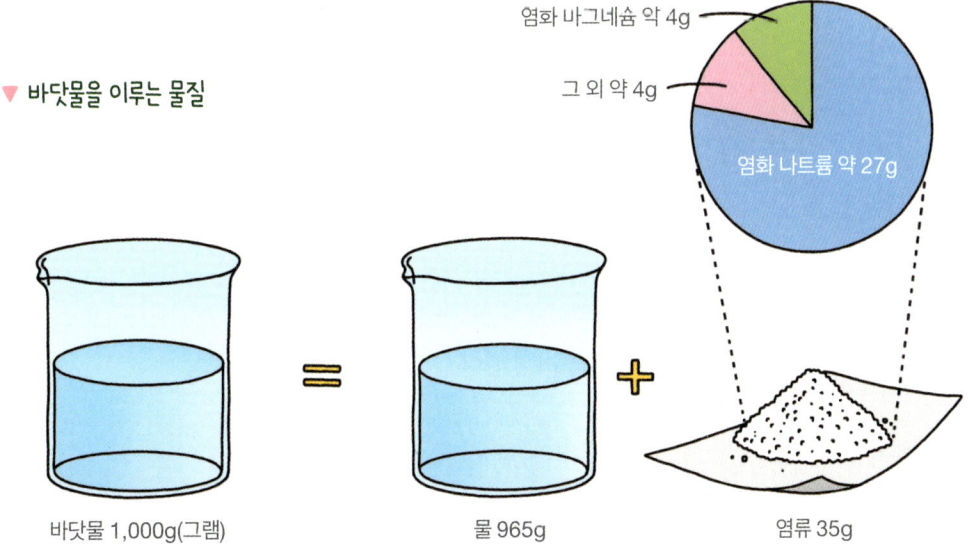

"염류 중에는 짠맛을 내는 염화 나트륨이 가장 많아. 그 다음으로 쓴맛을 내는 염화 마그네슘이 많지. 그래서 바닷물은 짠맛이 가장 강하고 쓴맛도 살짝 나는 거란다."

"오호, 그렇군요."

"바닷물에서 물이 모두 마르면 그 속에 녹아 있던 염류 알갱이가 남아. 이것이 바로 소금이야."

▲ **염전** 소금을 만드는 곳이야. 바닷물을 가두어 놓고 물이 모두 마르게 해서 소금을 얻어.

그때 왕수재가 손을 번쩍 들고 물었다.

"선생님, 그런데 강물이 흘러서 바다로 가잖아요. 강물은 별맛이 나지 않는데 바닷물은 왜 짜요?"

핵심정리

바닷물에는 여러 가지 염류가 녹아 있어. 대표적으로 짠맛을 내는 염화 나트륨과 쓴맛을 내는 염화 마그네슘이 있지.

바다의 소금은 어디서 왔을까?

"오, 예리한 질문이야. 그건 강물과 바닷물에 녹아 있는 물질의 양이 서로 다르기 때문이야."

"네? 강물에도 물질이 녹아 있어요?"

"응. 자연 상태의 물에는 원래 여러 가지 물질이 녹아 있어. 그중 바닷물에 녹아 있는 물질을 염류라고 부르는 거란다. 강물은 바닷물에 비하면 아무 맛도 나지 않아. 그건 강물 속에 녹아 있는 물질이 아주 적기 때문이야."

"얼마나 적은데요?"

"바닷물은 1,000g(그램)당 35g 정도의 염류가 녹아 있는데, 강물은 1,000g당 녹아 있는 물질이 0.5g도 안 돼."

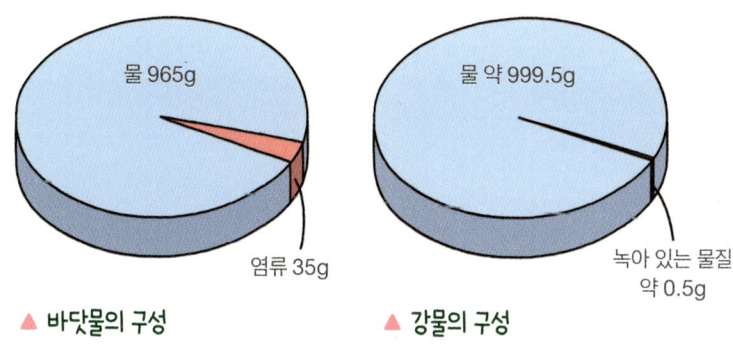

▲ 바닷물의 구성   ▲ 강물의 구성

"우아! 거의 없다고 봐도 될 정도네요."

"그래서 바닷물처럼 짠맛이나 쓴맛이 나지 않는 거야."

그러자 왕수재가 손을 들고 물었다.

"선생님, 그럼 더 이상한데요? 강물이 모인 게 바닷물이 잖아요. 강물은 녹아 있는 물질이 적은데, 바닷물은 왜 그렇게 염류가 많이 녹아 있어요?"

"후후! 궁금하지? 과학자들도 그 점을 궁금해 했단다. 그래서 바닷물의 염류가 강물에 녹아 있던 물질 말고 또 어디서 오는지 연구했지."

"정말요? 그래서 찾았어요?"

"바로 해저 화산이 폭발할 때 바다 밑 땅속에서 나온 물질들이었어!"

"우아! 해저 화산에서요?"

"응. 게다가 강물이나 해저 화산에서 나온 여러 가지 물질이 한 바다에 모여 뒤섞이다가 합쳐져서 새로운 물질이

▼ **해저 화산** 바닷속에서 화산이 폭발하면 땅속에서 여러 가지 물질이 나와서 바닷물에 녹아들어.

되었단다."

"어떤 물질이요?"

"예를 들어 염류 중에서 염화 나트륨은 사실 염소와 나트륨이 합쳐진 물질이야. 또, 염소와 마그네슘이 합쳐지면 염화 마그네슘이라는 물질이 돼. 이런 식으로 새로운 물질이 만들어지는 거란다."

"오, 그렇군요."

핵심정리

바닷물에 녹아 있는 염류는 강물에서 온 물질과 해저 화산이 폭발하며 바다 밑 땅속에서 나온 물질들이 섞인 거야.

 ## 바닷물은 어디나 똑같이 짤까?

"여기서 퀴즈! 어느 바다나 염류의 양이 다 같을까?"

용선생이 질문하자 아이들이 고개를 갸웃거렸다.

"그게 다를 수도 있어요? 그럼 어떤 바다는 더 짜고 어떤 바다는 좀 싱겁다는 얘기잖아요."

장하다가 혀를 쏙 내밀며 말했다.

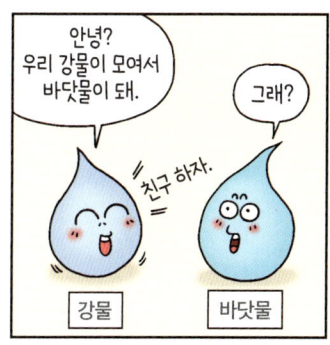

> **용선생의 과학 현미경**
>
> psu는 실용염분단위라고도 해. 염분의 단위로 psu 대신 ‰(퍼밀)을 사용하기도 하지. 퍼밀은 전체 양을 1,000으로 놓았을 때 어떤 것이 차지하는 양을 나타내는 단위야. 1 psu와 1‰은 거의 같은 값이야.

"그런데 실제로 그래. 지역에 따라 바닷물에 녹아 있는 염류의 양이 다르단다."

"염류의 양을 어떻게 비교해요?"

"아까 바닷물 속에 녹아 있는 염류의 양이 1,000 g당 35 g이라고 했지? 그건 전 세계 바닷속 염류의 양을 평균 낸 값이야. 과학자들은 여러 지역에서 바닷물 1,000 g씩을 기준으로 잡고 그 안에 들어 있는 염류의 양을 비교했어. 이걸 '염분'이라고 하지."

"오호, 그렇군요."

"염분을 나타내는 숫자 뒤에는 psu(피에스유)라는 단위를 붙여. 예를 들어 전 세계 바다의 평균 염분은 35 psu라고 하면 돼."

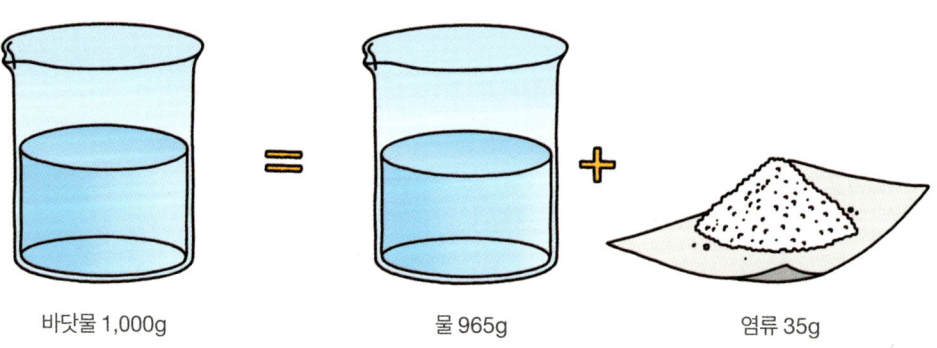

바닷물 1,000g   물 965g   염류 35g

▲ 바닷물의 평균 염분은 35 psu야.

그러자 허영심이 골똘히 생각하는 표정으로 물었다.

"그럼 진짜로 어떤 바다는 염류가 많아서 더 짜고, 어떤 바다는 염류가 적어서 싱거운가요?"

"응. 어떤 바다는 염분이 높고, 어떤 바다는 염분이 낮아."

"왜요? 바다는 다 이어져 있다면서요?"

"소금기가 없는 물을 담수라고 하는데, 지역마다 담수가 늘어나고 줄어드는 양이 다르거든. 담수가 늘어나면 염분이 낮아지고, 담수가 줄어들면 염분이 높아지지."

"소금물에 맹물을 타면 싱거워지는 것과 같네요."

"맞아! 바로 그런 이치란다. 예를 들어 바다에 강물이 흘러들거나 비가 내리면 담수가 늘어나서 염분이 낮아져."

"그럼 담수가 줄어드는 경우는 뭐예요?"

"바닷물이 증발하면 담수가 줄어들지."

"증발이요?"

"증발은 쉽게 말해 물이 마르는 거야. 빨래나 젖은 땅이 시간이 지나면 마르는 것처럼 말이지. 바닷물도 그와 같이 증발한단다."

"오호! 바다에서도 증발이 일어나는군요?"

"물론이지. 특히 육지와 멀어 강물의 영향을 거의 받지 않는 바다는 주로 강수량과 증발량에 따라 염분이 달라져. 전 세계 바다의 염분을 나타낸 지도를 한번 볼까?"

용선생은 화면 가득 지도를 띄웠다.

곽두기의 낱말 사전

담수 맑을 담(淡) 물 수(水). 강이나 호수의 물처럼 소금기가 없는 물을 말해.

나선애의 과학 사전

증발 물과 공기가 만나는 부분에서 액체인 물이 기체인 수증기로 변하는 현상이야. 빨래가 마르거나 젖었던 땅이 마르는 것도 물이 증발하기 때문이야.

용선생의 과학 현미경

비나 눈, 우박 등 하늘에서 땅으로 내리는 여러 가지 형태의 물을 강수라고 해. 또, 그 물의 양을 강수량이라고 해.

물이 증발하는 양을 증발량이라고 해.

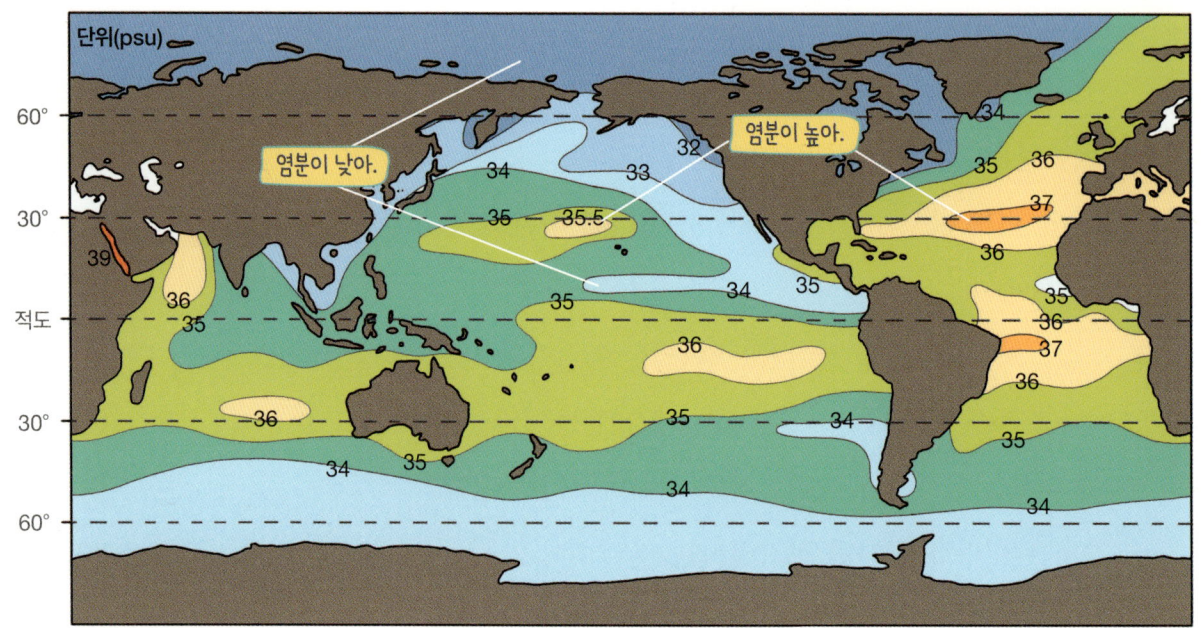

▲ 전 세계 바다의 염분 지도

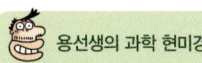 용선생의 과학 현미경

적도를 기준으로 지구를 남과 북으로 나누었을 때 북쪽 부분을 북반구, 남쪽 부분을 남반구라고 해. 우리나라는 북반구에 속해.

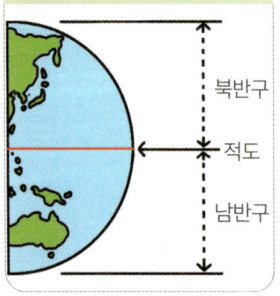

"지도에서 노란색이 진할수록 염분이 높고 파란색이 진할수록 염분이 낮은 곳이야. 우리가 살고 있는 북반구를 중심으로 살펴보자. 북반구 바다에서 염분이 높은 곳이 어디인지 위도 숫자로 말해 보렴."

그러자 나선애가 지도를 꼼꼼히 살펴보곤 말했다.

"음……. 위도 30° 부근이 염분이 높은 것 같아요."

"맞았어. 그럼 염분이 낮은 곳은?"

"맨 위에 북극이 있는 곳이요!"

"그렇지. 또 태평양에서 적도 부근에 가로로 파랗게 길쭉한 모양 보이지? 이처럼 적도 부근은 전체적으로 위도 30° 부근보다 염분이 낮은 편이야."

"왜요?"

"적도 부근은 햇빛이 강해서 증발이 많이 일어나는데 그것보다 비가 더 많이 오거든. 담수가 빠져나가는 양보다 들어가는 양이 더 많으니까 염분이 낮은 거야."

"그렇군요. 그럼 위도 30° 부근은 왜 염분이 높아요?"

"위도 30° 부근은 적도와 달리 비가 별로 안 와. 그래서 육지에서도 사막이 많은 지역이지. 그런 한편, 이곳도 햇빛이 강한 편이라 증발이 많이 일어나. 비가 별로 오지 않고 증발이 많이 일어나면 어떻게 될까?"

"담수가 계속 빠져나가요. 아, 그래서 염분이 높군요?"

"맞아, 정확한걸? 정리하면 적도 부근의 바다는 강수량이 증발량보다 많아서 염분이 낮고, 위도 30° 부근의 바다는 증발량이 강수량보다 많아서 염분이 높은 거야. 남반구도 북반구와 비슷하단다."

아이들이 고개를 끄덕이는데, 나선애가 눈을 동그랗게 뜨며 물었다.

"그럼 북극 쪽의 바다는 왜 염분이 낮아요? 비가 많이 내릴 것 같지는 않은데요."

"북극이나 남극 부근을 극지방이라고 해. 극지방에 있는

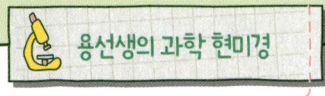

우리나라 주변 바다의 염분은?

육지와 가까이 있는 바다의 염분은 육지에서 흘러드는 강물에 따라 크게 달라져. 우리나라를 둘러싼 남해, 황해, 동해 중에는 황해의 염분이 가장 낮아. 우리나라와 중국에서 황해로 흘러드는 강물 때문이야. 우리나라 주변의 바다는 계절에 따라서도 염분이 달라져. 바로 강수량과 증발량 때문이지. 우리나라는 여름에 증발량보다 강수량이 더 많아. 그래서 염분이 낮아져. 겨울에는 증발량이 강수량보다 조금 더 많아. 그래서 염분이 높아진단다.

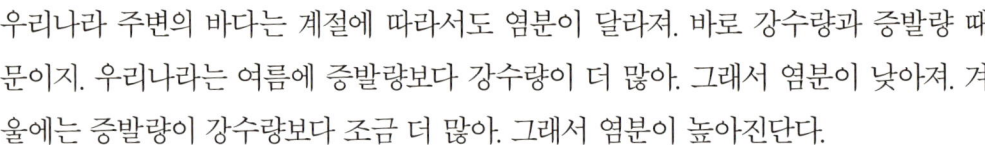

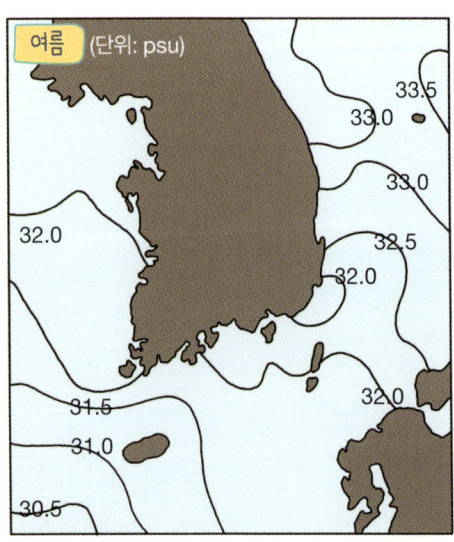

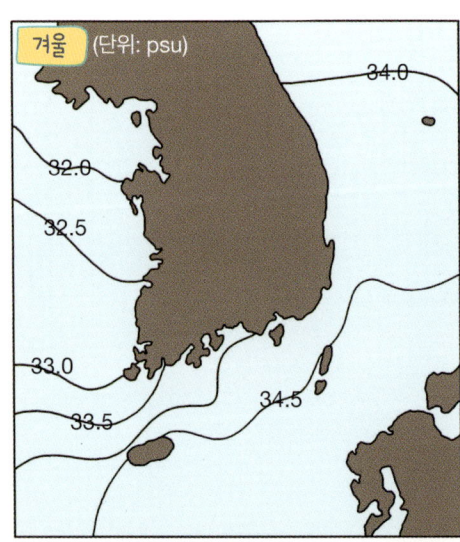

빙하가 녹으면서 바다에 담수가 흘러들어. 그래서 염분이 낮아지지. 빙하도 담수라는 건 지난번에 배웠지?"

"지구 온난화 때문에 빙하가 계속 녹고 있다던데, 앞으로 극지방 바다는 염분이 더 낮아지겠네요."

"그렇겠지."

"근데요, 선생님. 극지방에서 바닷물이 어는 경우도 있지 않아요?"

"맞아. 이 경우 바닷물이 얼 때 염류도 함께 얼 거라고 생각하기 쉽지만, 사실 바닷물이 얼 때에는 윗부분부터 물만 얼어. 바닷물이 얼면 바닷물에서 담수만 빠져나가는 셈이지. 그래서 바닷물이 얼 때에는 바닷물의 염분이 높아진단다."

다들 고개를 끄덕이는데 곽두기가 시무룩한 표정으로 말했다.

"그나저나 바닷속에 소금을 만드는 맷돌은 없군요."

"하하! 대신 바닷물이 왜 짠지는 잘 알게 됐잖니? 이것이 동화책과는 또 다른 과학의 재미라고!"

 **핵심정리**

> 바닷물에 담수가 늘어나면 염분이 낮아지고, 담수가 줄어들면 염분이 높아져. 따라서 강물이 흘러드는 양, 강수량과 증발량, 빙하가 녹거나 바닷물이 어는 양에 따라 염분이 달라지지.

# 나선애의 정리노트

1. 염류
① 바닷물에 녹아 있는 여러 가지 물질
② 짠맛을 내는 ⓐ [　　　], 쓴맛을 내는 염화 마그네슘 등
③ 바다의 염류는 ⓑ [　　　]과 바다 밑 땅속에서 온 물질임.

2. 염분
① 바닷물 1,000g 속에 들어 있는 염류의 양
 • 담수가 늘어나고 줄어드는 양에 따라 달라짐.
 • 단위: ⓒ [　　　] (피에스유)
 • 전 세계 바닷물의 평균 염분: ⓓ [　　　] psu

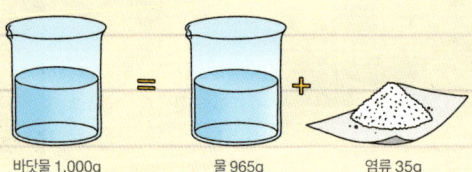

바닷물 1,000g　　물 965g　　염류 35g

② 염분이 높은 바다
 • 강수량보다 증발량이 많은 곳, 바닷물이 어는 곳 등
③ 염분이 낮은 바다
 • 증발량보다 강수량이 많은 곳, ⓔ [　　　]가 녹는 곳, 강물이 많이 흘러드는 곳 등

ⓐ 염화 나트륨 ⓑ 강물 ⓒ psu ⓓ 35 ⓔ 빙하

 # 과학퀴즈 🧪 달인을 찾아라!

●정답은 119쪽에

01

친구들이 이번 시간에 배운 내용에 대해 이야기하고 있어. 옳으면 O, 옳지 않으면 X를 표시해 줘.

① 강물과 바닷물에 녹아 있는 물질의 양은 거의 같아. (   )
② 바닷물에 녹아 있는 여러 가지 물질을 염류라고 해. (   )
③ 빙하가 녹는 곳의 바닷물은 염분이 매우 높아. (   )

02

친구들이 보물 상자를 발견했어. 보물 상자를 열려면 다섯 자리 비밀번호를 알아야 해. 다행히 힌트를 적어 둔 쪽지가 옆에 놓여 있어. 친구들이 비밀번호를 찾을 수 있게 도와줘.

☐ 에 들어갈 숫자를 순서대로 누르시오.

힌트1) 염분은 바닷물 ☐,000 g 속에 들어 있는 염류의 양이야.

힌트2) 전 세계 바닷물의 평균 염분은 ☐☐ psu야.

힌트3) 위도 ☐☐° 부근은 강수량보다 증발량이 많아서 바닷물의 염분이 높아.

👍 알았다! 비밀번호는 ☐☐☐☐☐ 이야!

 | 용선생의 과학 카페 | 용선생의 한국사 카페 | 용선생의 세계사 카페 |

https://cafe.naver.com/yongyong

용선생의 과학 카페

과학계의 핵인싸,
용선생의 과학 카페에
오신 걸 환영합니다.

[Log in]

MENU

물리면 아프다
화학이 화하하
생물 오징어
지구는 둥글다

소금이 궁금해요!

 소금은 주로 염화 나트륨으로 이루어진, 짠맛이 나는 하얀색 알갱이야. 소금에 대해 더 자세히 알아볼까?

▶ **언제부터 소금을 사용했나요?**

기록에 따르면 지금으로부터 약 8,000년 전에도 소금을 이용했대. 인간은 원래 우유나 고기를 먹으며 그 속에 들어 있는 소금 성분을 자연스럽게 흡수했어. 그런데 농사를 짓고 곡물이나 채소를 먹기 시작하면서 소금을 따로 챙겨 먹기 시작했지. 곡물이나 채소에는 소금 성분이 부족하거든. 옛날에는 군인들의 월급으로 소금을 주거나 돈 대신 소금을 사용하기도 할 만큼 소금이 귀했단다.

▶ **소금을 안 먹으면 어떻게 되길래요?**

사람을 포함해 모든 동물은 소금을 꼭 먹어야 해. 소금은 우리 몸에서 여러 가지 생명 활동을 조절하는 역할을 하거든. 예를 들어 몸에 소금 성분이 부족하면 소화가 잘 되지 않고 쉽게 피곤해질 수 있어. 심할 경우 어지럽거나 불안해지기도 하지. 보통 하루에 5 g 정도의 소금을 먹는 게 좋아. 오늘날에는 우리가 평소에 먹는 음식에 소금이 충분히 들어 있어서 따로 챙겨 먹을 필요까지는 없어.

▶ 소금은 바다에서만 얻을 수 있나요?

소금은 바다 주변의 염전에서 바닷물을 증발시켜 얻을 수 있어. 이렇게 얻은 소금을 천일염이라고 해. 반면 바위에서 얻는 소금도 있어. 소금 덩어리로 이루어진 바위를 암염이라고 하는데, 암염은 땅속에 파묻혀 있는 경우가 많아. 그래서 광산에서 캐거나 땅속에 물을 넣어 녹인 다음 소금물을 퍼내서 소금을 얻어.

▲ 소금 광산

◀ 암염

장하다의 오답을 피하는 방법
나선애의 야무진 실험실
왕수재의 아는 척 과학교실
허영심의 별 헤는 밤
곽두기의 빅뱅 따라잡기

COMMENTS

- 소금을 가장 비싸게 팔려면?
  - '소'랑 '금'을 따로 팔면 되지.
  - 너무 좋은 생각인데?
  - 아재 개그는 그만!

4교시 | 해류

병 속의 편지는 어디에서 왔을까?

바닷가에 유리병이 밀려왔나 봐.

어? 병 속에 편지가 있어.

"얘들아, 내가 재밌는 뉴스를 봤어."
왕수재의 말에 아이들이 돌아보았다.
"일본에서 한 소녀가 병 속에 편지를 넣고 바다에 띄웠는데, 글쎄 그 병이 미국까지 흘러갔대."
"정말? 어떻게 그럴 수 있지?"
그때 용선생이 불쑥 끼어들어 말했다.
"그건 바로 바닷물의 거대한 흐름 때문이지!"
"바닷물의 거대한 흐름이요? 바닷물이 어디에서 어디로 흐르는데요?"

 **바닷물이 흘러 흘러**

"지구 전체를 놓고 보면, 바닷물은 계속 일정한 방향으

로 흐르고 있어. 이러한 바닷물의 흐름을 해류라고 불러. 해류에는 바닷물 표면에서 흐르는 해류도 있고, 바닷속 깊은 곳에서 흐르는 해류도 있지. 병 속 편지가 미국까지 흘러갔던 건 바닷물 표면에서 흐르는 해류 때문이야."

"바닷물 표면에서 흐르는 해류요?"

"응. 보통 해류라고 하면 바닷물 표면의 해류를 말하는 경우가 많으니까 앞으로는 그냥 해류라고 할게. 해류는 거의 일정한 방향으로 흐른단다. 전 세계 해류가 어떻게 흐르는지 보여 주지!"

용선생이 화면에 그림을 띄웠다.

"으윽! 엄청 복잡하네요. 방향도 다 다르고요."

장하다가 머리를 긁적이며 말했다.

 용선생의 과학 현미경

바닷물 표면에서 흐르는 해류를 표층 해류라고 해. 표층은 여러 층으로 이루어진 것 중에 가장 겉부분을 말하지.

▼ 전 세계 해류

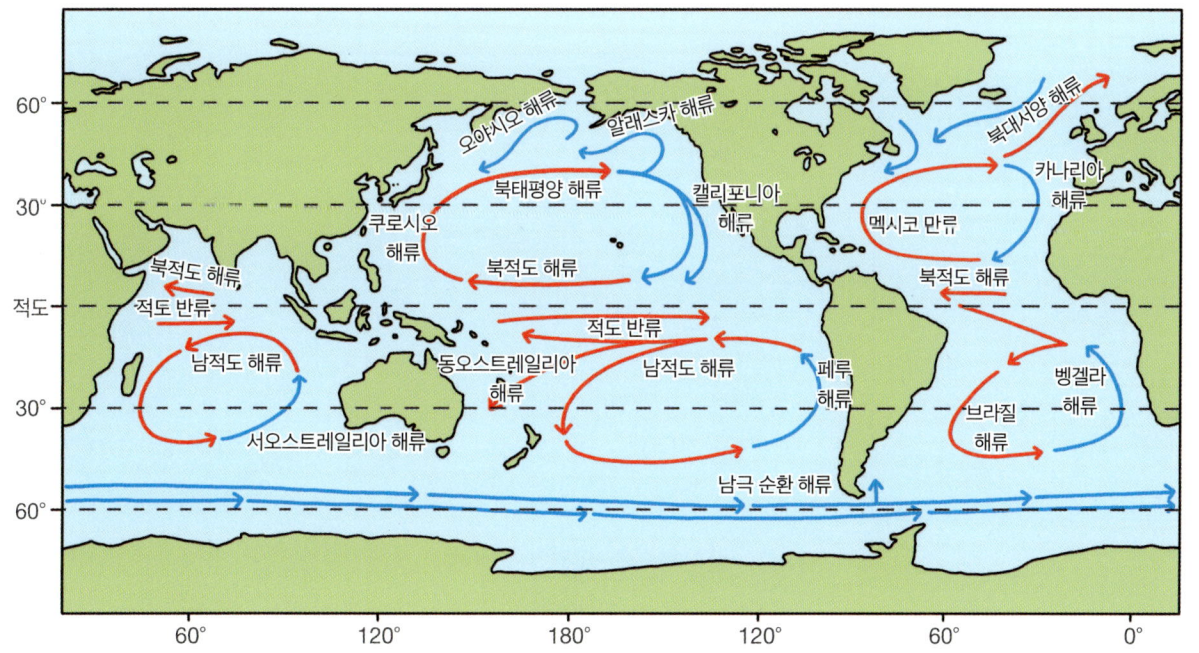

"하하, 좀 복잡해 보이지만 모두 화살표 방향대로 일정하게 흐르고 있단다. 해류가 일정하게 흐르는 이유는 바다 위에 부는 바람 때문이야. 일 년 내내 일정하게 부는 바람이 그 밑에 있는 바닷물을 계속 밀면서 흘러가게 하거든. 그래서 해류가 생기는 거야."

"바람이 일 년 내내 똑같이 분다고요? 세상에 그런 바람이 있어요?"

"응, 그것도 지구 전체에 말이지!"

"헉! 신기하다."

"이러한 바람을 '대기 대순환'이라고 해. 그중 지구의 표면에서 부는 바람은 항상 이렇게 분단다."

용선생이 화면을 바꾸며 말했다.

"우아! 바람이 이렇게 부는 줄은 처음 알았어요."

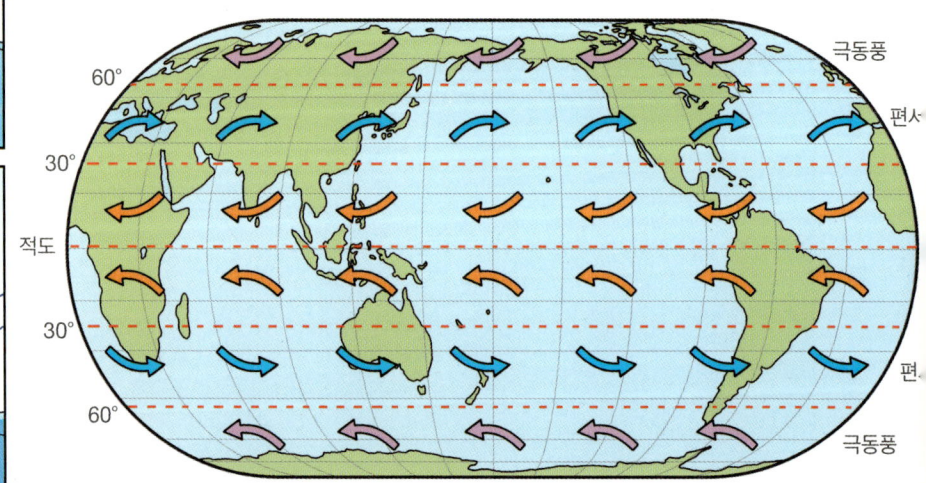

▲ 대기 대순환에 의한 지표면 부근의 바람

"바람마다 이름도 있어. 적도에서 위도 30° 사이에 부는 바람을 무역풍, 위도 30°에서 60° 사이에 부는 바람을 편서풍이라고 해. 또, 위도 60°에서 극 사이에 부는 바람을 극동풍이라고 하지."

용선생은 적도를 손으로 짚으며 설명을 이었다.

"적도를 기준으로 북반구와 남반구에 부는 바람은 서로 대칭을 이루어. 해류와 대기 대순환을 함께 나타내면 다음과 같아. 바람의 방향과 해류의 방향은 대체로 비슷해."

곽두기의 낱말 사전

대칭 마주 볼 대(對) 걸맞을 칭(稱). 기준이 되는 점이나 선, 면을 사이에 두고 양쪽의 모양이 같은 걸 말해.

기준선

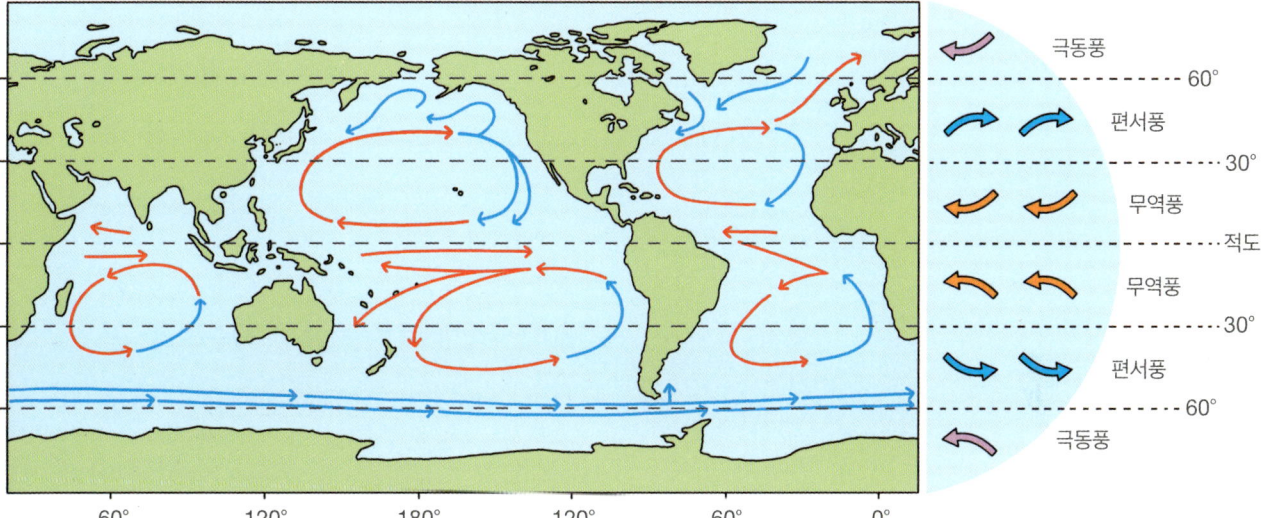

▲ 전 세계 해류와 지표면 근처에 부는 바람

 **핵심정리**

바다 표면의 바닷물은 지구 전체에 걸쳐 일정한 방향으로 계속 흘러. 이러한 바닷물의 흐름을 해류라고 해. 해류는 지표면에서 일 년 내내 일정하게 부는 바람 때문에 생겨.

 해류는 왜 이렇게 흐를까?

그때 나선애가 손을 번쩍 들었다.

"바람과 해류의 방향이 비슷해 보이긴 하는데요…… 완전히 똑같지는 않네요."

"응, 잘 봤어. 둘이 완전히 같지 않은 가장 큰 이유는 바로 육지 때문이야. 바람은 육지에 막히는 일이 거의 없지만, 바닷물은 흐르다가 육지에 막히거든."

"아하! 육지 때문에 그렇군요."

"응. 그러면 우리나라와 접한 북태평양에서 해류가 어떻게 흐르는지 살펴보자. 해류가 바람과 육지에 어떤 영향을 받는지 잘 보렴."

"좋아요!"

"먼저 적도와 위도 30° 사이에는 동쪽에서 서쪽으로 무역풍이 불지? 그래서 적도 부근의 바닷물도 바람을 따라 동쪽에서 서쪽으로 움직여."

> **용선생의 과학 현미경**
>
> 태평양 중에서 적도의 북쪽을 북태평양이라고 해. 적도의 남쪽은 남태평양이라고 하지.

▲ 무역풍을 따라 동쪽에서 서쪽으로 북적도 해류가 흘러.

"그런데 서쪽에 아시아 대륙이 있는데요?"

허영심이 묻자 장하다가 심드렁하게 말했다.

"그럼 육지를 따라서 흘러가겠지."

"맞아. 육지에 막힌 해류는 북쪽으로 올라가."

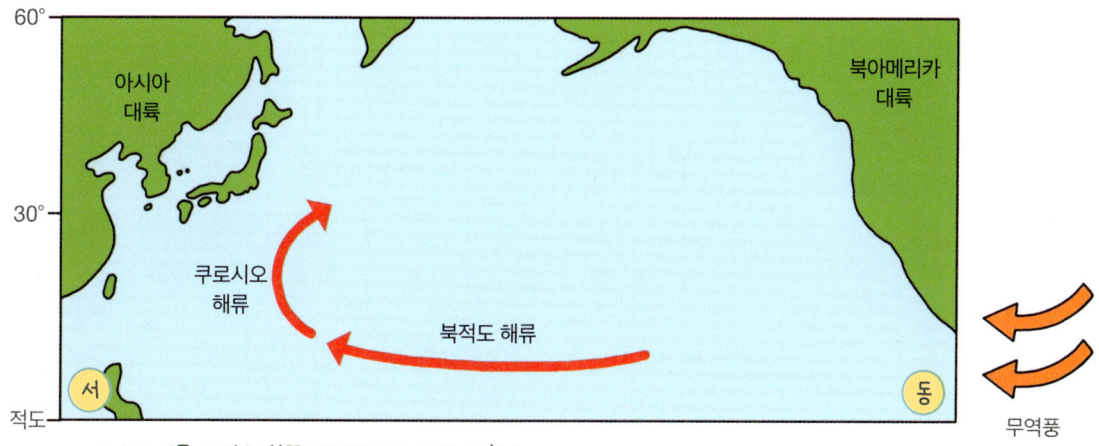

▲ 아시아 대륙에 막혀 북쪽으로 쿠로시오 해류가 흘러.

용선생은 그림에 화살표를 그려 넣고 이어서 말했다.

"북쪽으로 올라온 해류가 위도 30°에서 60° 사이에 이르면 편서풍의 영향을 받아. 그래서 다시 바람을 따라 서쪽에서 동쪽으로 흐르지."

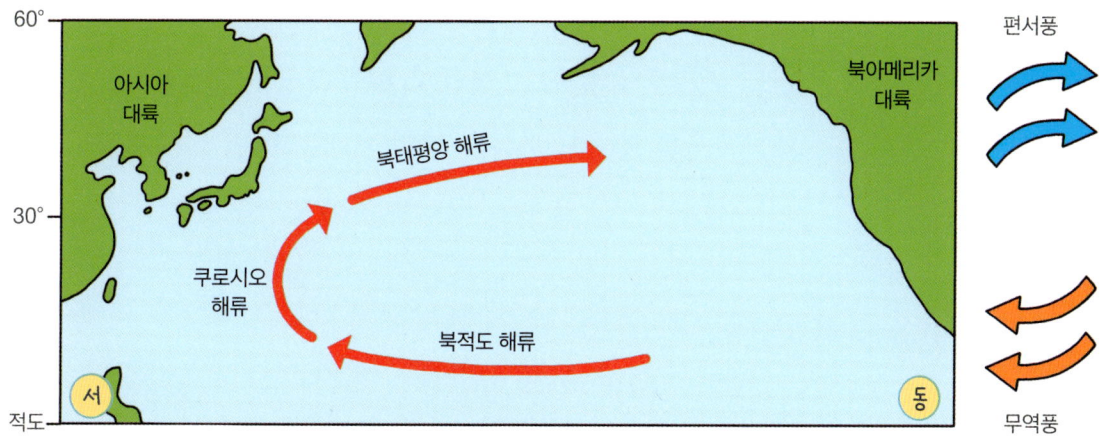

▲ 편서풍을 따라 서쪽에서 동쪽으로 북태평양 해류가 흘러.

"그 해류는 또 육지를 만나겠네요."

"맞아. 북아메리카 대륙을 만나서 남쪽으로 방향을 틀지. 남쪽으로 내려온 해류는 다시 무역풍을 만나서 동쪽에서 서쪽으로 흐른단다."

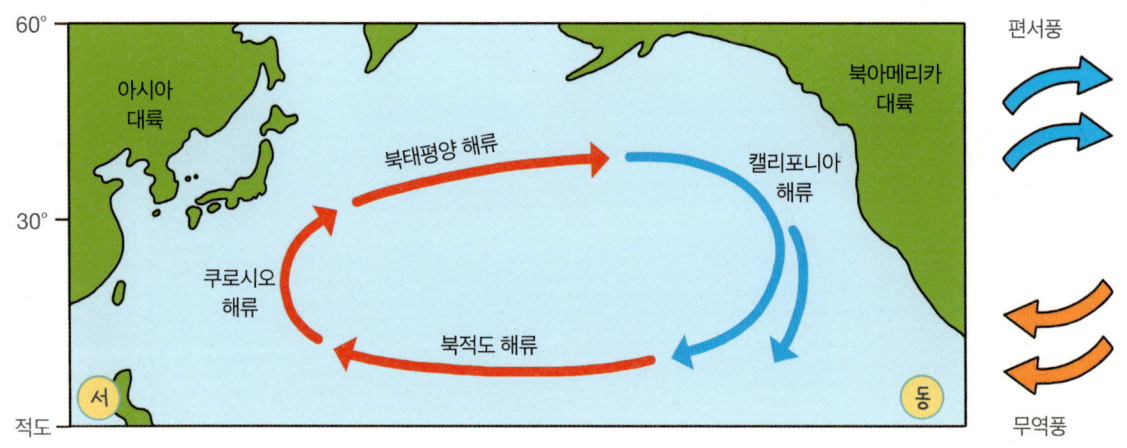

▲ 북아메리카 대륙에 막혀 남쪽으로 캘리포니아 해류가 흘러.

"오오, 커다란 고리 모양이 됐어요!"

"그래. 시계 방향으로 흐르는 커다란 고리가 됐지. 북대서양에서도 이와 같은 원리로 해류가 빙빙 돌아."

"이제 알겠어요! 일본에서 출발한 병 속의 편지가 해류를 타고 동쪽으로 가다가 미국까지 간 거군요?"

"그렇지. 실제로 옛날에 해류를 연구할 때에도 병 속에 쪽지를 넣어서 바다에 띄워 보내는 방법을 사용했어."

"네? 그럼 그 병을 어떻게 찾아요?"

"쪽지에 '이 병을 우연히 줍는다면 어디에서 주웠는지 적어 우편으로 보내 주세요.'라고 적는 거지. 누군가 병을 주워 쪽지를 보내 주면, 해류를 연구하는 과학자들은 그 병이 어디에서 출발해서 어디로 흘러갔는지 알 수 있어."

"우아! 정말 기발한 연구 방법이네요!"

"하하, 재미있지? 아무튼 해류는 이처럼 돌고 돈단다. 남반구의 해류도 커다란 고리 모양을 그려. 다만 조금 전에 알아본 북반구와 반대로, 해류가 시계 반대 방향으로 흐르지. 그래서 북반구와 남반구에 흐르는 커다란 두 해류를 위아래로 놓고 보면 적도를 기준으로 대칭을 이루어."

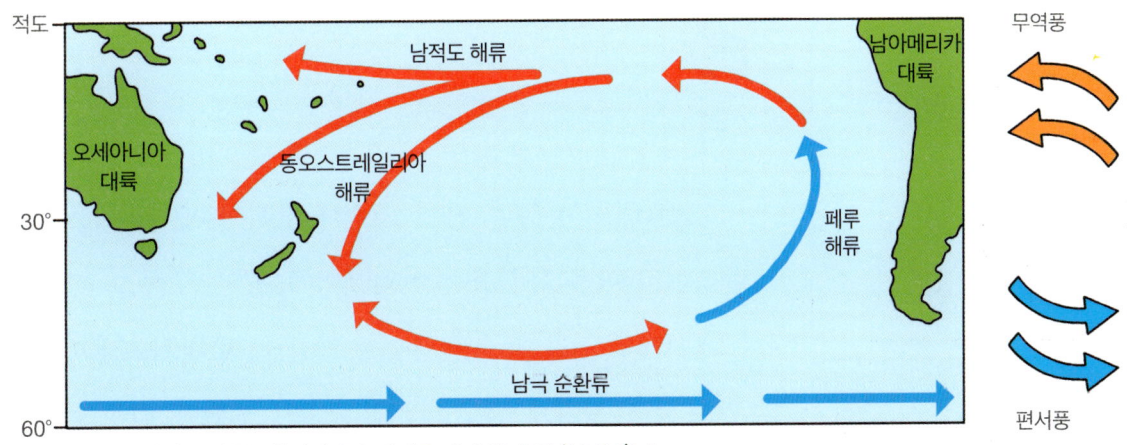

▲ 남태평양의 해류는 북태평양과 반대로 시계 반대 방향으로 흘러.

"오호, 이렇게 보니 왜 해류가 빙빙 돌며 고리 모양으로 흐르는지 알겠어요."

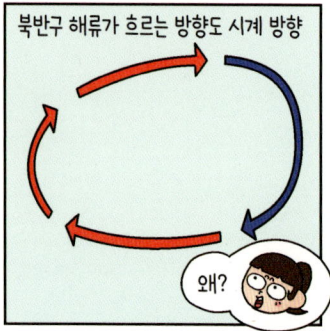

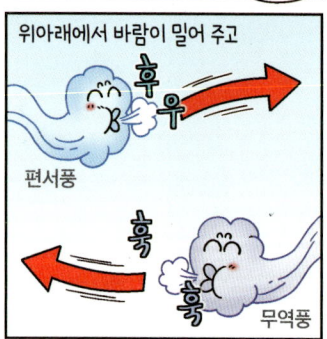

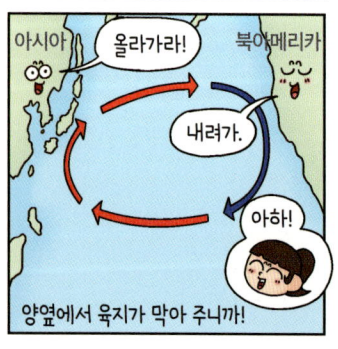

"해류의 흐름은 육지의 모양이나 위치, 또 바닷물이 쏠리는 양에 따라 조금씩 달라져. 하지만 전체적으로 보면 여러 개의 고리 모양을 이루면서 일정하게 흐른단다."

아이들이 고개를 끄덕였다.

지표면에서 일정하게 부는 바람을 따라 흐르는 해류는 육지에 막혀 방향을 틀면서 커다란 고리 모양을 이루어. 북반구에서는 시계 방향, 남반구에서는 시계 반대 방향으로 돌지.

해류의 성질은 다 같을까?

"그런데요, 선생님. 해류 그림에서 왜 어떤 화살표는 파란색이고 어떤 화살표는 빨간색이에요?"

나선애의 질문에 용선생이 손뼉을 치며 반가워했다.

"관찰력이 아주 좋은데? 화살표의 색깔은 바로 해류의 온도를 뜻해."

"해류의 온도가 서로 달라요?"

"응. 일단 위도가 높은 곳을 고위도, 낮은 곳을 저위도라

하는데, 고위도는 추운 극지방에 가깝고, 저위도는 더운 적도에 가까워."

"그럼 고위도는 춥고, 저위도는 따뜻하겠네요."

"맞아. 파란색 화살표는 고위도에서 저위도로 흐르는 비교적 차가운 해류이고, 빨간색 화살표는 저위도에서 고위도로 흐르는 비교적 따뜻한 해류란다. 차가운 해류를 한류, 따뜻한 해류를 난류라고 해."

"근데 한류인지 난류인지가 중요해요?"

"중요하고말고! 바닷물의 온도에 따라 바닷물의 성질이 완전히 달라지거든."

"한류는 어떻고 난류는 어떤데요?"

"먼저 한류는 온도가 낮아서 물속에 산소가 많이 녹아 있어. 산소와 같은 기체는 차가운 물에 잘 녹는 성질이 있거든. 그리고 한류에는 영양 염류가 많아."

"영양 염류요?"

"영양 염류는 바닷물에 녹아 있는 염류 중에서도 규소, 인, 질소 등 식물 플랑크톤의 몸을 이루는 물질을 말해. 식물 플랑크톤은 물고기들이 잡아먹는 아주 작은 생물이지. 바닷물에 영양 염류가 많으면 식물 플랑크톤이

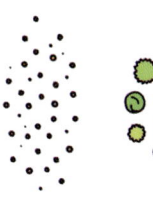  

영양 염류   식물 플랑크톤   작은 물고기   큰 물고기

많아지고, 식물 플랑크톤을 잡아먹는 물고기도 많아져."

아이들이 고개를 끄덕이자 용선생이 말했다.

"자, 그럼 난류는 어떤 성질이 있을까?"

"음……. 아마 한류와 반대겠죠?"

"맞아. 난류는 온도가 높아서 한류보다 바닷물에 녹아 있는 산소가 적어. 또 영양 염류도 많지 않아."

그러자 허영심이 두 손을 모으는 시늉을 하며 말했다.

"왠지 난류에 한류를 섞으면 좋을 것 같아요."

"오! 어떻게 알았지? 실제로 바다에서 한류와 난류가 만나는 곳이 있어. 이 곳을 조경 수역이라고 해. 조경 수역은 난류에 사는 물고기와 한류에 사는 물고기가 만나는 곳이라서 다양한 물고기를 볼 수 있지."

"난류에 사는 물고기랑 한류에 사는 물고기가 달라요?"

"응. 바닷물의 온도에 따라 사는 물고기가 다양하거든. 한류에는 대구, 명태, 청어 같은 물고기가 많이 살고, 난류에는 오징어, 꽁치, 멸치, 고등어 등이 많이 살아."

"근데 난류에 사는 물고기들이 조경 수역에 왜 가요?"

"조경 수역에는 한류에서 온 산소와 식물 플랑크톤이 많이 있잖니? 숨 쉬는 데 필요한 산소와 먹이를 얻기 위해서이지."

> **곽두기의 낱말 사전**
>
> **조경 수역** 바닷물 조(潮) 경계 경(境) 물 수(水) 구역 역(域). 성질이 다른 바닷물이 만나 경계를 이루는 구역이야. 한류와 난류가 만나는 바다를 뜻하지.

"오오, 그렇군요. 조경 수역에서 물고기를 잡으면 대박 나겠어요! 우리나라 근처에는 조경 수역이 없어요?"

"동해 바다에 있어! 그곳에 가면 다양한 물고기가 많이 잡힌단다."

"우앗! 그럼 이번 방학에는 동해안으로 가족 여행을 가자고 부모님께 말씀드려야겠어요. 가서 맛있는 생선을 실컷 먹어야지. 으히히!"

"하하, 그러려무나. 오늘 수업은 여기까지!"

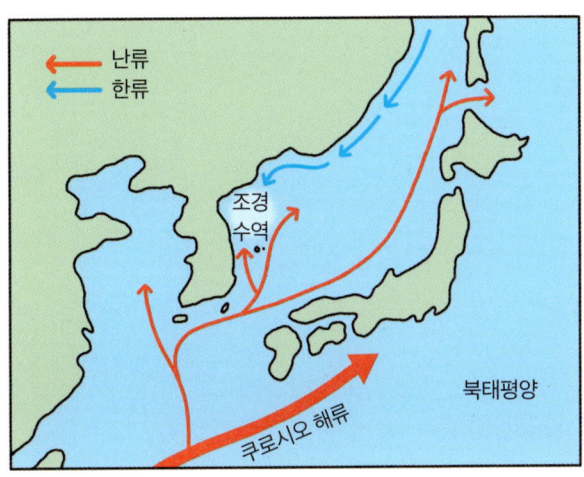

▲ 우리나라 주변에 있는 조경 수역

 핵심정리

한류는 온도가 낮아서 산소와 영양 염류가 풍부해. 이와 반대로 난류는 온도가 높아서 산소와 영양 염류가 적어. 한류와 난류가 만나는 조경 수역에는 다양한 물고기가 많이 모여들어.

나선애의 정리노트

1. **해류**
   ① 지구 전체에 걸쳐 바다 표면의 바닷물이 일정한 방향으로 계속 흐르는 것
   ② 원인
   - 지구 전체에 걸쳐 지표면에서 일정하게 부는 ⓐ _____ : 대기 대순환
   - ⓑ _____ 의 영향으로 남쪽 또는 북쪽으로 방향이 바뀜.
   ③ 해류는 전체적으로 여러 개의 커다란 고리 모양을 이루며 일정하게 흐름.
   - 북반구: 시계 방향
   - 남반구: 시계 반대 방향

2. **해류의 성질**
   ① ⓒ _____
   - 비교적 온도가 낮은 해류
   - 고위도에서 저위도로 흐름.
   - ⓓ _____ 와 영양 염류가 많음.
   ② 난류
   - 비교적 온도가 높은 해류
   - 저위도에서 고위도로 흐름.
   - 산소와 영양 염류가 적음.
   ③ ⓔ _____
   - 한류와 난류가 만나는 곳
   - 다양한 물고기가 많이 모임.

정답 ⓐ 바람 ⓑ 육지 ⓒ 한류 ⓓ 산소 ⓔ 조경 수역

 # 과학퀴즈 달인을 찾아라!

●정답은 119쪽에

01

친구들이 이번 시간에 배운 내용에 대해 이야기하고 있어. 옳으면 O, 옳지 않으면 X를 표시해 줘.

① 해류는 주로 지표면 근처에서 일정하게 부는 바람과 육지의 영향을 받아. ( )

② 한류는 온도가 낮아서 물고기가 살 수 없어. ( )

③ 우리나라 근처에는 조경 수역이 없어. ( )

02

친구들이 해양 연구소로 현장 학습을 가려고 해. 한류에 대한 설명으로 옳은 것을 따라가면 길을 찾을 수 있어. 친구들이 길을 찾을 수 있게 도와줘!

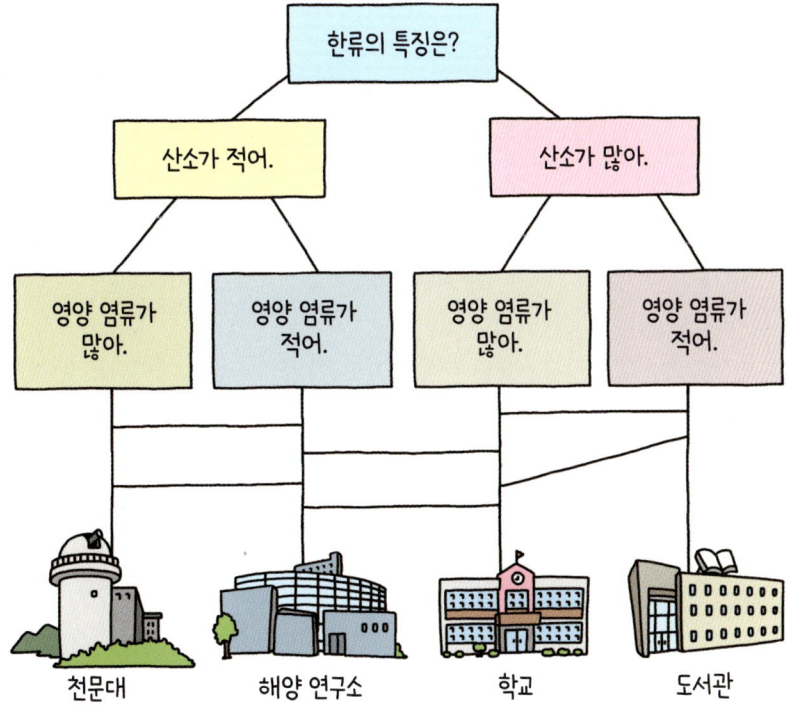

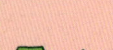 용선생의 과학 카페 | 용선생의 한국사 카페 | 용선생의 세계사 카페

https://cafe.naver.com/yongyong

용선생의 과학 카페

과학계의 핵인싸,
용선생의 과학 카페에
오신 걸 환영합니다.

Log in

MENU

물리면 아프다
화학이 화하하
생물 오징어
지구는 둥글다

바닷속 깊은 곳을 흐르는 해류는?

바닷물 표면에 흐르는 해류를 표층 해류라고 하는데, 표층 해류 말고 바닷속 깊은 곳을 흐르는 해류도 있어. 이 해류를 심층 해류라고 해. 심층 해류는 극지방 부근에서 바닷물이 아래로 깊이 내려가서 바닥을 따라 흐르다가, 적도 부근에서 다시 표면으로 올라오는 해류야. 바닷물이 가라앉는 극지방은 대표적으로 북극 근처 그린란드와 남극 부근의 바다가 알려져 있어.

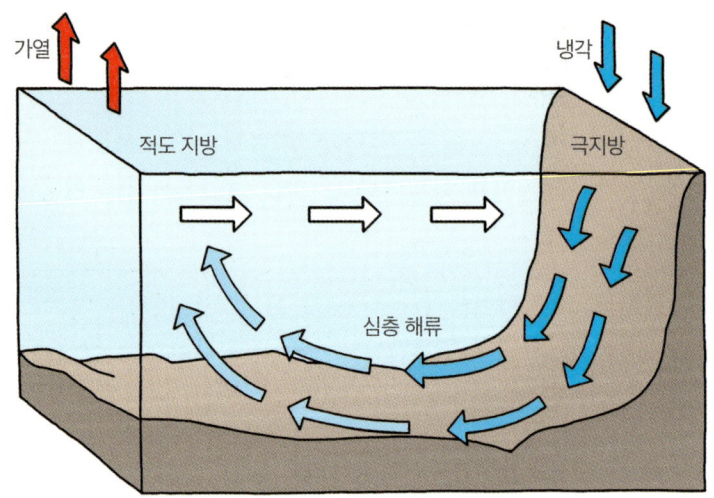

▲ 심층 해류의 흐름

표층 해류는 주로 바람 때문에 생긴다고 했지? 반면 심층 해류는 온도와 염분 때문에 생겨. 그린란드 부근과 남극 부근에 있는 바닷물은 온도가 매우 낮아서 바닷물이 얼어. 그 때문에 담수가 빠져나가서 염분이 높은 상태이지. 온도가 낮고 염분이 높으면 바닷물이 무거워져서 아래로 가라앉아. 그렇게 심층 해류가 시작돼.

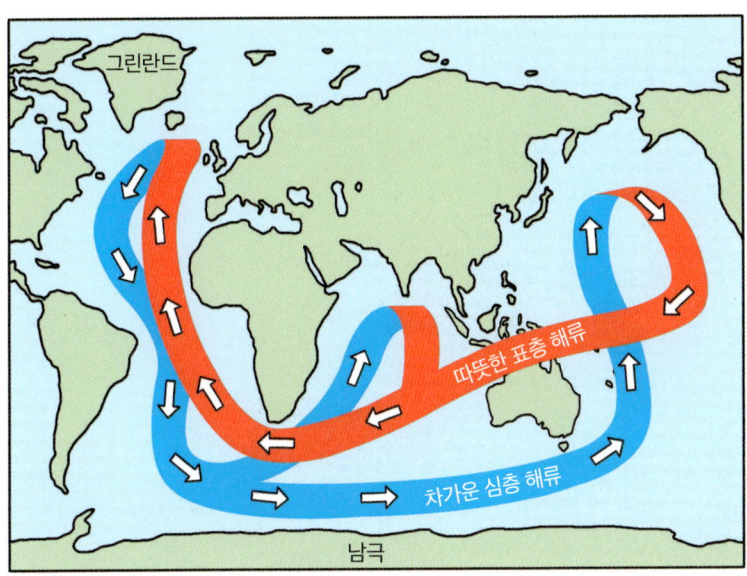

▲ 바닷물의 순환

심층 해류는 1초에 10 cm(센티미터) 정도 이동할 정도로 매우 느리지만 표층 해류와 이어져서 지구 전체의 바닷물을 순환시켜. 그로 인해 적도 지방의 열이 지구 전체에 골고루 전달되지.
오늘날에는 지구가 점점 따뜻해지는 지구 온난화 현상 때문에 바닷물의 순환에도 문제가 생겼어. 지구가 따뜻해지면서 극지방의 빙하가 녹아 바닷물의 염분이 낮아졌거든. 그러면 바닷물이 가라앉지 않아서 심층 해류가 흐르기 어려워지지. 이러한 현상이 계속되면 바닷물이 지구의 열을 지구 전체에 골고루 전달할 수 없게 돼. 지구 온난화가 계속되면 지구의 환경이 어떻게 달라질지 점점 예측하기 어려워질 거야.

장하다의 오답을 피하는 방법
나선애의 야무진 실험실
왕수재의 아는 척 과학교실
허영심의 별 헤는 밤
곽두기의 빅뱅 따라잡기

COMMENTS

- 지구 온난화가 문제네.
  - 북극곰은 어떡해!
  - 오늘부터라도 환경 보호에 힘써야겠어!
  - 기특하군.

5교시 | 조류

바다가 갈라지는 마법의 정체는?

교과연계

초 **3-1** 지구의 모습
중 **2** 수권과 해수의 순환

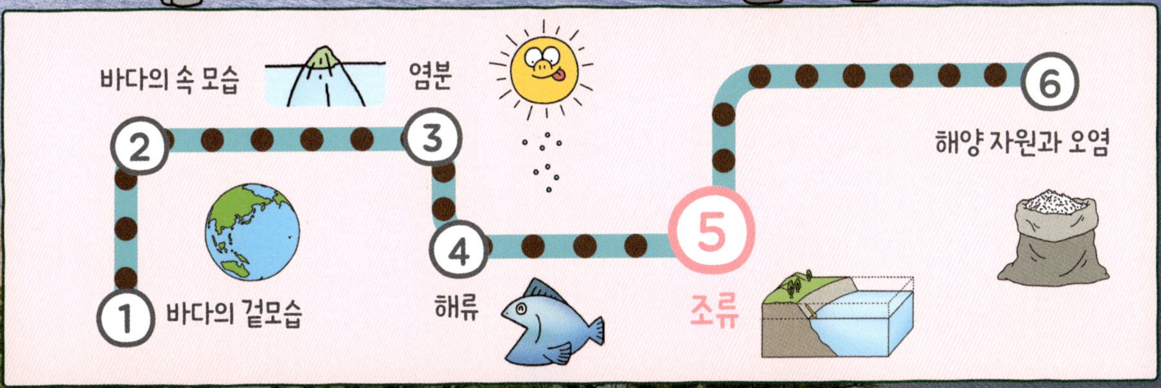

"선생님, 선생님!"

곽두기가 사진 한 장을 들고 과학실로 헐레벌떡 뛰어 들어왔다.

"어이쿠! 두기야, 무슨 일이니?"

"이 사진 좀 보세요. 바다가 갈라졌어요."

두기의 말을 듣고 아이들이 사진을 보러 몰려들었다.

"우아! 정말 바다가 갈라져서 섬까지 길이 생겼어."

"꼭 마법을 부린 거 같아요."

"하하, 신비해 보여도 다 과학적으로 설명할 수 있는 일이란다."

용선생의 말에 곽두기가 흥분한 듯 말했다.

"정말요? 바다가 왜 갈라졌는데요?"

"저도 궁금해요. 빨리 알려 주세요!"

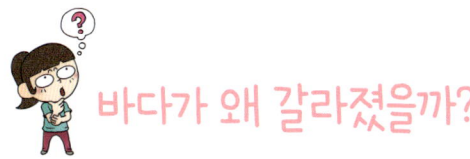
바다가 왜 갈라졌을까?

"지난 시간에 바닷물이 일정한 방향으로 계속 흐르는 걸 해류라고 했지?"

"네, 기억나요."

"그런데 바닷물에는 해류 말고 또 다른 흐름이 있어. 바로 조류라고 하는 거야."

"조류 독감 할 때 조류요? 조류는 새 아닌가요?"

장하다의 말에 모두 고개를 갸웃했다.

"하하. 여기서 말하는 조류는 '밀물 조(潮)', '흐를 류(流)' 자를 써서 밀물과 썰물에 의해 생기는 바닷물의 흐름을 말해. 밀물은 먼바다에서 바닷가 쪽으로 바닷물이 밀려오는 현상이고, 썰물은 바닷가에서 먼바다 쪽으로 바닷물이 빠져나가는 현상이지."

"아하, 밀물과 썰물요? 진작 그렇게 말씀하시지."

▲ 밀물일 때

▲ 썰물일 때

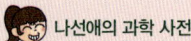

나선애의 과학 사전

만조 가득 찰 만(滿) 밀물 조(潮). 바닷물이 하루 중 가장 높을 때를 말해.

간조 막을 간(干) 밀물 조(潮). 바닷물이 하루 중 가장 낮을 때를 말해.

"밀물과 썰물은 계속 반복해서 일어나. 밀물이 들어오면 바닷물이 점점 높아져. 바닷물이 가장 높아진 뒤에는 썰물이 빠지면서 점점 낮아지지. 바닷물이 제일 낮아진 뒤에는 다시 밀물이 들어와 높아지고 말이야. 이처럼 바다는 매일같이 높아졌다 낮아졌다를 반복해."

"밀물과 썰물은 계속 반복되는군요?"

"응. 하루 중 바닷물의 높이가 가장 높을 때를 만조, 가장 낮을 때를 간조라고 해. 밀물이 제일 많이 들어왔을 때가 만조, 썰물이 제일 많이 빠졌을 때가 간조이지. 그렇다면 바다가 갈라져서 섬과 이어진 길은 만조 때 나타날 수 있을까? 간조 때 나타날 수 있을까?"

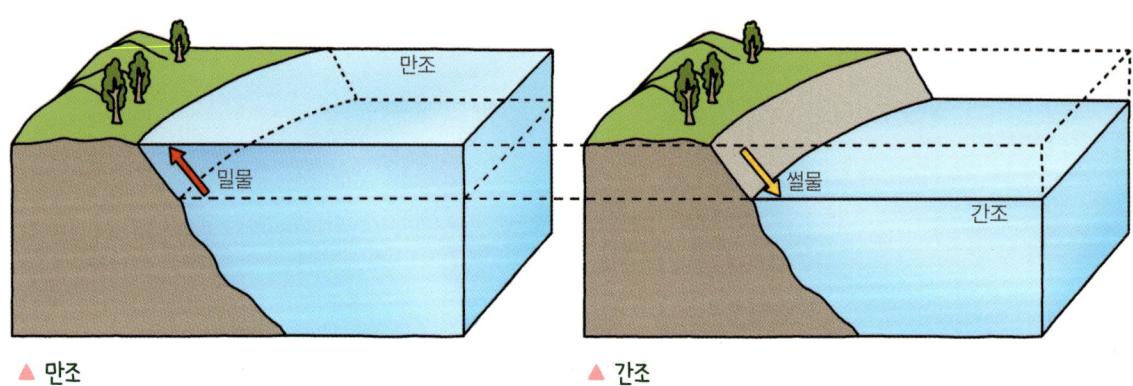

▲ 만조 ▲ 간조

"음…… 바닷물이 낮아지는 간조 때요! 물이 빠져야 그 아래 보이지 않던 땅이 나올 테니까요."

"맞아. 일단 바다 밑에 섬과 연결된 땅의 높이가 만조 때의 해수면보다는 낮고, 간조 때의 해수면보다는 높을 때 그런 현상이 일어날 수 있어. 만조 때 땅이 바닷물에 잠겼다가 간조 때 드러난단다."

"근데 간조 때에는 항상 바다가 갈라져요?"

"그건 아니야. 간조 때 바닷물이 낮아지는 정도는 매일 조금씩 달라. 따라서 간조 중에서도 평소보다 바닷물이 더 낮아졌을 때 땅이 드러나는 경우가 많아. 우리나라에서는 진도나 제부도 앞바다에서 바다가 갈라지는 걸 이따금 볼 수 있지."

▲ 진도 앞바다가 갈라져, 섬과 연결된 땅이 드러나 길이 생긴 모습

 핵심정리

밀물과 썰물로 나타나는 바닷물의 흐름을 조류라고 해. 하루 중 밀물이 들어와 바닷물이 가장 높을 때를 만조, 썰물이 빠져나가 바닷물이 가장 낮을 때를 간조라고 해.

용선생의 시끌벅적 과학교실 **87**

 밀물과 썰물은 왜 생길까?

"그런데요, 선생님. 밀물과 썰물은 왜 생기는 거예요?"

그러자 용선생이 손가락을 딱 튕기며 말했다.

"그 질문이 나오기를 기다렸지! 밀물과 썰물은 태양과 달, 지구가 서로를 끌어당기는 힘 때문에 일어나. 이런 힘을 중력이라고 하지."

"중력이라면 사과가 땅으로 떨어지고, 뭐 이런 거요?"

"하하, 맞아. 중력은 물체 사이에 서로 끌어당기는 힘을 말해. 사과가 지구로 떨어지는 것은 지구와 사과가 서로 끌어당기기 때문이지. 이러한 힘은 태양과 달, 지구 같은 커다란 천체들 사이에도 작용해."

"그게 밀물과 썰물이랑 무슨 상관이에요?"

"중력은 물체 사이의 거리가 가까울수록 크고, 멀수록 작아. 그래서 태양과 달 중에서도 달이 지구에 더 가까워서 밀물과 썰물에 더 큰 영향을 끼치지. 그런데 지구 내에서도 달까지의 거리에 따라 각 지역이 받는 중력의 크기가 다르단다. 지구에서 달과 가장 가까운 쪽이 어딜까?"

"어……. 달과 마주 보는 부분 아니에요?"

"맞아. 지구에서 달과 마주 보는 쪽은 거리가 가까워서

용선생의 과학 현미경

중력은 물체 사이의 거리뿐 아니라 물체의 질량에 따라서도 달라져. 질량은 물체가 가진 고유한 양을 말해. 질량이 크면 중력도 크게 작용하고 질량이 작으면 중력도 작게 작용하지.

용선생의 과학 현미경

달이 밀물과 썰물에 끼치는 영향은 태양보다 두 배 이상 커. 달이 태양보다 지구에 훨씬 가까이 있기 때문이지.

달이 끌어당기는 힘이 커. 그래서 지구에 있던 바닷물이 달 쪽으로 몰려가면서 물이 가장 높아지는 만조가 일어나."

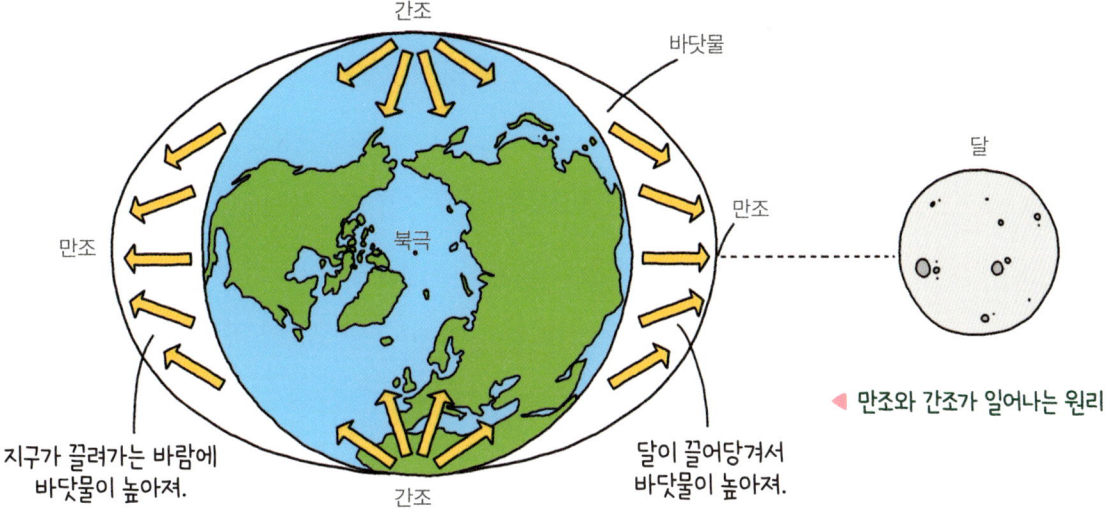

◀ 만조와 간조가 일어나는 원리

용선생이 그림을 띄우자 나선애가 손을 들고 물었다.

"선생님, 그런데 달과 정반대쪽도 만조인데요? 거긴 달과 멀어서 달이 끌어당기는 힘이 제일 약한데 왜 만조예요?"

"오, 잘 봤구나. 그것 역시 지구와 달 사이의 중력 때문이야. 달 반대편은 달이 바닷물을 당기는 힘이 가장 약해. 그러면 이 바닷물은 달 쪽으로 덜 끌려가서 거의 그대로 있어. 그런데 이 바닷물보다 지구가 달에 더 가까워서 달 쪽으로 더 세게 끌리고, 달 반대편 바닷물이 뒤에 남아 만조가 일어나."

"우아! 달이 제일 세게 당기는 곳이랑 제일 약하게 당기는 곳에서 똑같이 만조가 일어난다니!"

"자, 그럼 간조는 왜 일어날까?"

"그야 바닷물이 만조가 일어나는 곳으로 몰려가니까 다른 지역에선 빠져나가서 그런 거 아닐까요?"

"맞아. 지구의 바다는 모두 이어져 있어. 만조인 곳으로 바닷물이 몰리면, 만조가 일어나는 두 곳을 이은 선과 수직을 이루는 곳은 바닷물이 빠져나가서 간조가 되지."

"만조와 간조가 이렇게 일어나는 거군요."

"응. 그런데 지구는 하루에 한 바퀴씩 도는 자전을 해. 그렇다면 한 장소에서 만조는 하루에 몇 번 일어날까?"

"달을 마주 볼 때 한 번, 달 반대편에 있을 때 한 번 일어나니까 하루에 두 번 일어나겠네요."

"맞아. 한 장소에서 만조는 대략 하루에 두 번씩 일어난

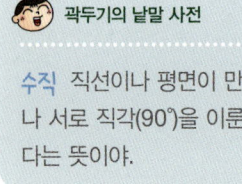

곽두기의 낱말 사전

수직 직선이나 평면이 만나 서로 직각(90°)을 이룬다는 뜻이야.

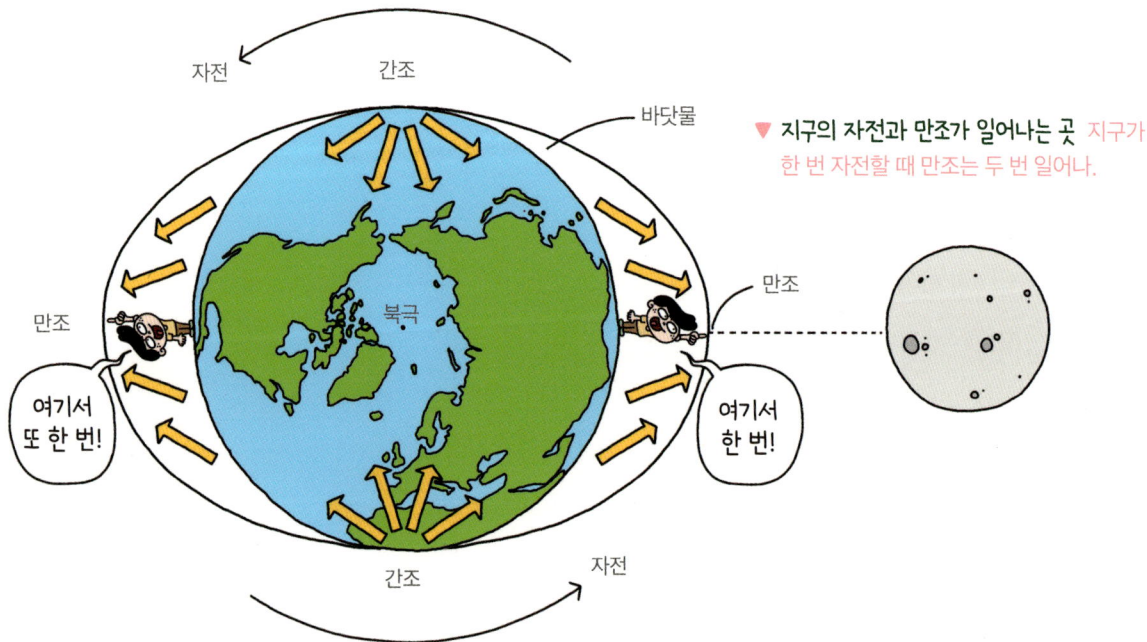

▼ 지구의 자전과 만조가 일어나는 곳 지구가 한 번 자전할 때 만조는 두 번 일어나.

단다. 간조도 마찬가지야."

"음, 하루는 24시간이니까…… 12시간에 한 번씩요?"

"우아, 똑똑한걸? 그런데 정확히 12시간은 아니고 약 12시간 25분마다 만조가 일어나. 지구와 달이 우주 공간에서 계속 움직이다 보니 약간 차이가 나지."

핵심정리

밀물과 썰물은 주로 지구와 달의 중력 때문에 일어나. 한 장소에서 만조와 간조는 대략 하루에 두 번씩 일어나.

 ## 밀물과 썰물을 이렇게 이용해

용선생은 잠시 숨을 돌리고는 말했다.

"너희 갯벌에 가 본 적 있니?"

"저 있어요! 조개 잡으러 갔어요."

"하하, 그렇구나. 우리나라는 동해나 남해에 비해 황해가 만조와 간조의 높이 차가 크단다. 그러니까 썰물 때 바닷물이 더 많이 낮아진다는 거지. 게다가 황해는 얕은 바다라 썰물 때 더 넓은 땅이 드러나. 그래서 썰물 때 드넓은

▲ 우리나라의 갯벌 대부분 서해안에 있고, 남해안의 서쪽 지역에도 일부 있어. 동해안에는 갯벌이 거의 없어.

"갯벌을 볼 수 있어."

"오호, 그렇군요."

"갯벌은 알갱이가 작은 진흙이나 모래로 이루어진 땅이야. 밀물과 썰물이 드나들어 물기가 많고 질퍽질퍽하지만, 알고 보면 우리에게 이로운 점이 많아."

"맞아요! 갯벌에서 맛있는 조개를 캘 수 있잖아요. 게랑 낙지도 잡고요."

"하하, 그래. 하지만 먹거리 말고도 이로운 점이 많아. 예를 들어 육지에서 바다로 물이 흘러갈 때 갯벌에 먼저 스며드는데, 이때 갯벌 속에 있는 미생물이 육지에서 흘러온 오염 물질을 없애 준단다."

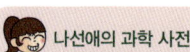

나선애의 과학 사전

미생물 눈에 보이지 않을 정도로 작은 생물을 말해.

"갯벌이 그런 일을 하는군요!"

"그뿐만 아니라 육지에 홍수가 나서 강물이 넘치면 갯벌이 물을 흡수해 주기도 해. 또, 바다에서 생겨난 해일이나 태풍이 육지로 올 때 갯벌을 거치면서 힘이 약해져서 우리가 피해를 덜 받게 되지."

"우아! 그건 처음 알았어요."

"밀물과 썰물을 이용해 전기를 만들 수도 있어. 이것을 조류의 힘을 이용하는 발전이라 해서 조력 발전이라고 해."

▲ 우리나라의 시화호 조력 발전소

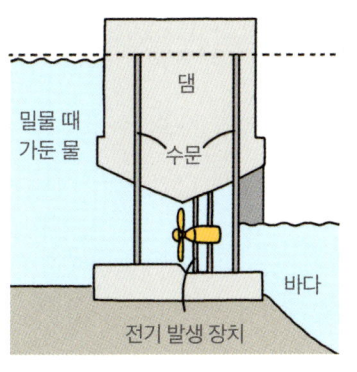 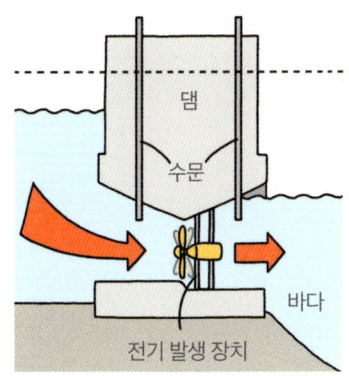

▲ **조력 발전의 원리** 밀물 때 물을 가두었다가 썰물 때 내보내. 이때 물이 빠르게 흐르는 힘으로 기계를 돌려서 전기를 만들어.

"밀물과 썰물로 전기를 만든다고요? 어떻게요?"

"여러 가지 방식이 있는데 대표적으로 밀물 때 바닷물을 가두었다가 썰물 때 바닷물을 내보내는 방식이 있어. 이때 바닷물이 빠르게 흐르면서 기계를 돌려 전기를 만들어."

"밀물과 썰물 때문에 갯벌도 생기고 전기도 만들 수 있다니…… 바다는 못 하는 게 없네요!"

"선생님, 우리 갯벌에 현장 학습하러 가요!"

"좋았어. 다들 기대하라고!"

핵심정리

밀물과 썰물이 드나들면서 바닷가에 넓은 갯벌이 생기기도 해. 갯벌은 우리에게 이로운 점이 많아. 밀물과 썰물을 이용해 전기를 만들 수도 있어.

나선애의 정리노트

1. 조류
① 밀물과 썰물에 의한 바닷물의 흐름
- 밀물 → 만조 → 썰물 → 간조 → 밀물 → ……

② ⓐ [　　] : 밀물이 들어와 하루 중 바닷물이 가장 높을 때

③ 간조: 썰물이 빠져 나가 하루 중 바닷물이 가장 낮을 때

2. 밀물과 썰물이 생기는 까닭
① 가장 큰 까닭은 달과 지구 사이의 ⓑ [　　]

② 만조: 달에 가장 가까운 곳과 가장 먼 곳에서 동시에 일어남.

③ ⓒ [　　] : 만조가 일어나는 두 곳을 이은 선과 수직을 이루는 곳에서 동시에 일어남.

④ 한 장소에서 만조와 간조는 대략 하루에 두 번씩 일어남.

3. 밀물과 썰물의 이용
① ⓓ [　　] : 알갱이 크기가 작은 진흙이나 모래로 이루어진 땅으로, 밀물과 썰물이 드나드는 바닷가에 생김.
- 조개 등 다양한 먹거리를 얻을 수 있음.
- 육지의 오염 물질을 없애 주고, 홍수나 해일, 태풍 등의 피해를 줄여 줌.

② ⓔ [　　] 발전: 밀물과 썰물로 전기를 만듦.

ⓐ 만조 ⓑ 중력 ⓒ 간조 ⓓ 갯벌 ⓔ 조력

 # 과학퀴즈 달인을 찾아라!

●정답은 119쪽에

01

친구들이 이번 시간에 배운 내용에 대해 이야기하고 있어. 옳으면 O, 옳지 않으면 X를 표시해 줘.

① 조류는 해류의 일부분이야. (   )

② 밀물 때에는 바닷물이 점점 높아져. (   )

③ 달에 가장 가까운 곳에서는 만조가 일어나. (   )

02

다음 보기 의 문장 속 괄호에 들어갈 말을 순서대로 이으면 어떤 모양이 나온대. 정답을 찾아서 어떤 모양이 나오는지 그려 봐.

> 보기
> (   )이 들어와 하루 중 바닷물의 높이가 가장 높을 때를 (   )라고 해. 또, (   )이 빠져나가 하루 중 바닷물의 높이가 가장 낮을 때를 (   )라 하지.

https://cafe.naver.com/yongyong

용선생의 과학 카페

과학계의 핵인싸,
용선생의 과학 카페에
오신 걸 환영합니다.

Log in

오늘은 어떤 재미난 지식을 올려 볼까?

MENU

물리면 아프다
화학이 화하하
생물 오징어
지구는 둥글다

명량 해전에서 승리한 비결은?

"신에게는 아직
12척의 배가 남아 있습니다.
죽을 힘을 다하여 싸운다면
이길 수 있을 것입니다."

어디서 많이 들어 본 말이지? 임진왜란 때 일본군과 싸우던 이순신 장군이 임금님께 올린 말이야. 이때 이순신 장군이 12척의 배로 일본군을 물리친 전투가 바로 명량 해전이지.

이순신 장군은 일본군과의 해전을 앞두고 바다 상황을 자세히 살펴본 다음 명량 부근으로 본부를 옮겼어. 명량은 울돌목이라고도 불려. 전라남도 진도와 육지 사이에 있는 얕고 좁은 바다이지. 이곳은 조류가 아주 빠르게 흐르는 곳이야.

왜 이곳으로 본부를 옮겼냐고? 서해안은 만조와 간조 때의 바닷물 높이 차이가 커. 그만큼 밀물과 썰물이 빠르게 드나든다는 뜻이야. 이때 울돌목처럼 좁은 곳은 더욱 더 물살이 빨라져.

이순신 장군은 이 좁은 물길에 흐르는 빠른 조류를 이용해 일본군의 배를 무찌르는 작전을 짰어.

▲ 명량(울돌목)의 위치

명량 해전이 벌어지자 이순신 장군의 작전대로 일본군의 배는 좁고 빠른 물살에 갇혔어. 이때를 노린 조선군은 일본군에게 총공격을 퍼부었지. 그리하여 일본군은 배 133척 중 31척이 파괴되고 군사 8,000여 명이 죽거나 다치며 패배했어. 조선군의 배는 실제로 12척이 아니라 13척이었는데, 그중 단 한 척도 파괴되지 않았다고 해. 정말 놀라운 승리지? 이순신 장군과 조선군이 궁지에 몰린 상황에서도 큰 승리를 거둘 수 있었던 데에는 지형과 조류를 이용할 줄 아는 과학적 지식과 지혜가 있었단다.

장하다의 오답을 피하는 방법
나선애의 야무진 실험실
왕수재의 아는 척 과학교실
허영심의 별 헤는 밤
곽두기의 빅뱅 따라잡기

◀ 명량 해전도

COMMENTS

- 신에게는 아직 12척의 배가 남아 있습니다. 캬~ 멋지다, 멋져!
  ㄴ 신에게는 아직 먹고 싶은 과자가 12개 남아 있습니다.
  ㄴ 12개나?
  ㄴ 어휴! 왜 삼천포로 안 빠지나 했어.

"웬 소금이야?"

과학실에 들어선 아이들이 허영심 자리로 몰려와 소금을 구경했다.

"어제 부모님이랑 염전에 다녀왔거든. 너희 나눠 주려고 가져왔지."

"염전이라면…… 소금 만드는 곳?"

"맞아. 정말 신기하더라."

때마침 용선생이 과학실 문을 열고 들어왔다. 용선생을 발견한 왕수재가 큰 소리로 말했다.

"선생님! 소금은 바닷물에서 얻는 거죠?"

용선생이 기특하다는 표정을 지으며 말했다.

"하하, 그렇지. 바다에서는 소금뿐 아니라 다양한 것을 얻을 수 있어."

"소금 말고 또 어떤 게 있는데요?"

 ## 바다에 이렇게 다양한 자원이!

"사람들은 아주 오래전부터 바다에서 소금뿐 아니라 여러 해양 자원들을 얻어 사용해 왔어."

"음……. 전 소금 말고 딱히 떠오르는 게 없는데요?"

허영심이 이마를 살짝 지푸리며 말했다.

"하하, 어렵게 생각할 필요 없어. 우리가 먹는 물고기, 조개, 미역 같은 먹거리들도 바다에서 얻는 자원이잖니?"

"오, 그렇네요."

"영심이가 가져온 소금 외에 석유나 천연가스 같은 물질도 바다에서 얻을 수 있어."

"석유와 천연가스도 바다에서 얻는다고요?"

"응. 석유와 천연가스는 육지에 묻혀 있는 경우도 많지만 해저의 땅속에도 많이 묻혀 있어. 그래서 바다에 석유 시추 시설을 지어 자원을 얻는단다."

▼ 석유 시추 시설 해저의 땅에 구멍을 뚫어 석유를 퍼 올려.

 곽두기의 낱말 사전

해양 자원 바다 해(海) 큰 바다 양(洋) 재물 자(資) 근원 원(源). 넓고 큰 바다에서 나는 자원을 말해. 자원은 우리 생활에 필요한 물건을 만드는 데 사용되는 재료들을 통틀어 이르는 말이야.

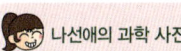 **나선애의 과학 사전**

천연가스 땅속에 묻혀 있는 기체로 불에 잘 타는 성질이 있어. 주로 석유와 함께 묻혀 있는 경우가 많아.

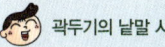 **곽두기의 낱말 사전**

시추 조사할 시(試) 바늘 추(錐). 땅속 자원을 조사하기 위해 땅속 깊이 구멍을 파는 일을 말해.

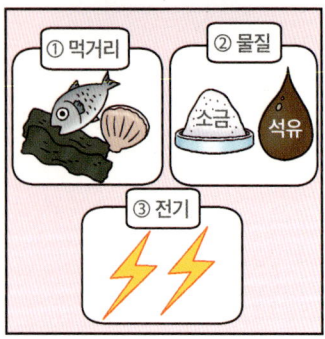

"아, 영화에서 본 것 같아요."

"이뿐만이 아니야. 바다에서 전기도 얻을 수 있어."

"에이, 바다에서 어떻게 전기를 얻어요?"

장하다가 고개를 갸우뚱하며 물었다.

"지난번에 조력 발전으로 전기를 만든다고 했지?"

"아, 맞다. 밀물과 썰물을 이용해서요."

"맞아. 조력 발전은 밀물과 썰물의 흐름을 이용해 전기를 얻는 거잖아. 사실 밀물과 썰물만이 아니라 파도나 해류로도 전기를 만들 수 있어."

"오오, 파도와 해류로도 전기를 만들어 낼 수 있군요?"

"응. 이런 방식으로 전기를 얻으면 환경 오염도 덜 일으키고, 다 써서 없어질 염려 없이 계속해서 전기를 얻을 수 있어. 바닷물은 끊임없이 계속 흐르니까 말이야."

"바다에서 얻을 수 있는 게 정말 많네요."

"그렇지? 그런데 바다에는 육지에서 볼 수 없는 아주 신기한 자원도 있어."

"신기한 자원이요? 어떤 건데요?"

핵심정리

바다에서는 다양한 자원을 얻을 수 있어. 바다에 사는 생물은 우리의 먹거리가 되지. 바다에서 석유나 천연가스, 소금 등의 물질을 얻기도 해. 또, 바다의 조류나 파도, 해류 등을 이용해 전기를 만들 수도 있어.

 ## 바다에만 숨어 있는 신기한 보물은?

"선생님이 너희를 위해 진짜 신기한 걸 준비했어."

용선생은 금속 상자에서 얼음처럼 생긴 걸 꺼냈다.

"여기에 불을 붙여 볼게."

"얼음에 불을 붙인다고요?"

용선생은 대답 없이 미소를 머금은 채 얼음처럼 생긴 재료에 불을 붙였다.

"우아! 얼음에 불이 붙었어요."

"하하! 신기하지? 사실 이건 얼음이 아니라 '가스 수화물'이란 물질이야. 아주 깊은 바닷속에서 가져온 거지."

"가스…… 뭐라고요?"

"이름이 좀 어렵지? 가스는 기체라는 뜻이고, 수화물은 물이 포함된 물질이라는 뜻이야. 따라서 가스 수화물은 기체와 물이 결합된 물질이야. 깊은 바닷속은 온도가 낮고 물이 누르는 힘인 압력이 엄청 커서 기체와 물이 하나로 결합하기도 해. 그중 메테인이나 프로페인처럼 불에 잘 타는 기체가 물 입자와 결합하면 가스 수화물이 생겨."

"기체랑 액체랑 결합해서 얼음처럼 단단한 게 생겼다니, 정말 신기해요!"

▲ 불타는 가스 수화물 가스 수화물을 가스 하이드레이트라고도 불러.

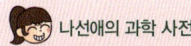 나선애의 과학 사전

메테인 색깔과 냄새가 없는 기체야. 공기보다 가볍고, 불에 잘 타는 성질이 있어. 우리가 사용하는 도시 가스의 주성분이지.

프로페인 색깔과 냄새가 없는 기체야. 공기보다 무겁고, 불에 잘 타는 성질이 있어.

입자 물질을 이루는 아주 작은 알갱이를 말해.

▲ 바닷속에 있는 가스 수화물

"바닷속에 있는 가스 수화물을 우리가 사는 육지로 가져오면, 육지는 바닷속보다 온도가 높고 압력이 낮아서 가스 수화물은 기체와 물로 다시 나뉘어. 이때 나뉜 물질 중 기체만 따로 모으면 연료로 사용할 수 있지."

"그런데요, 굳이 힘들게 깊은 바닷속까지 가서 그걸 가져와 써야 해요? 그거 말고도 연료는 많지 않아요?"

"지금 우리가 많이 쓰는 석유나 석탄은 불에 타면서 오염 물질을 많이 내보내. 그런 반면 가스 수화물에서 얻은 연료는 불에 타도 오염 물질이 아주 적게 나오지. 게다가 석유와 석탄이 다 바닥날 것에 대비도 해야 하지 않겠니?"

"가스 수화물은 얼마나 있는데요?"

"전 세계 바다에 10조 톤 정도가 묻혀 있다고 추측돼. 소형 자동차 한 대의 무게가 1 톤 정도이니 10조 톤이면 정

 곽두기의 낱말 사전

연료 태워서 빛이나 열 등을 얻을 수 있는 물질을 말해. 석유, 석탄, 나무 등이 있지.

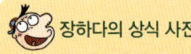 장하다의 상식 사전

톤 자동차나 배 같이 무거운 것을 재는 무게 단위로, 1 톤은 1,000 kg이야. 기호는 t로 표시해.

말 어마어마한 양이지? 울릉도 근처의 동해 바다에도 6억 톤 정도가 묻혀 있어."

"아, 그래요? 우리나라 근처의 바다에도 가스 수화물이 있다니, 좋은 소식이네요!"

용선생이 웃으며 새로운 사진을 띄웠다.

"바닷속에 있는 또 다른 자원을 보여 줄게. 이게 뭘로 보이니?"

아이들이 멍하니 화면을 쳐다보다 말했다.

"그냥 돌멩이 같은데요?"

"하하! 이건 보통 돌멩이가 아니야. '망가니즈 단괴'라고 하는 거야. 망가니즈 단괴는 망가니즈를 비롯해 니켈, 구리 같이 쓸모가 많은 금속 물질이 뭉친 덩어리야. 대부분 공처럼 둥글고 지름이 1~15 cm(센티미터) 크기이지. 선생님 손바닥 안에 들어오는 정도랄까?"

▲ **우리나라 동해 바다** 울릉도 근처의 울릉분지에 가스 수화물이 많이 묻혀 있어.

나선애의 과학 사전

니켈 은백색 금속으로, 땅에 묻혀 있는 양이 아주 적어. 동전이나 전지 등을 만들 때 사용돼.

구리 적갈색 금속으로, 전기와 열을 매우 잘 전달해. 전선의 재료로 많이 사용돼.

◀ **망가니즈 단괴** 망가니즈, 니켈, 구리 등의 금속 물질이 바닷속에서 단단하게 뭉친 덩어리야. 망가니즈는 건전지 등에 사용되는 금속 물질이고, 단괴는 단단히 뭉친 덩어리를 뜻하는 말이야.

▲ 아주 깊은 해저 바닥에 있는 망가니즈 단괴들

"오, 그럼 바닷속에 가서 마구 주워 오면 되겠네요?"

"그렇게 쉽지 않을걸? 망가니즈 단괴는 깊이가 4,000 m 이상인 해저 바닥에 주로 흩어져 있거든. 가스 수화물보다도 더 깊은 바닷속에 있다 보니 쉽게 가져오기 힘들지."

"쩝. 그림의 떡이네요."

"하하, 그래서 과학자들이 망가니즈 단괴를 쉽게 가져올 방법을 마련하기 위해 열심히 연구 중이란다."

장하다가 손을 번쩍 들고 물었다.

"그런데 망가니즈 단괴로 뭘 만들 수 있어요?"

"아주 좋은 질문이야. 망가니즈 단괴에 망가니즈, 니켈, 구리 같은 금속 물질이 있다고 했지? 이것들을 각각의 금속으로 분리해서 여러 가지 물건을 만들 수 있어. 예를 들어, 망가니즈로는 건전지를, 니켈로는 스테인리스강을, 구리로는 전선으로 쓰이는 구리선을 만들 수 있지."

"오, 그렇군요!"

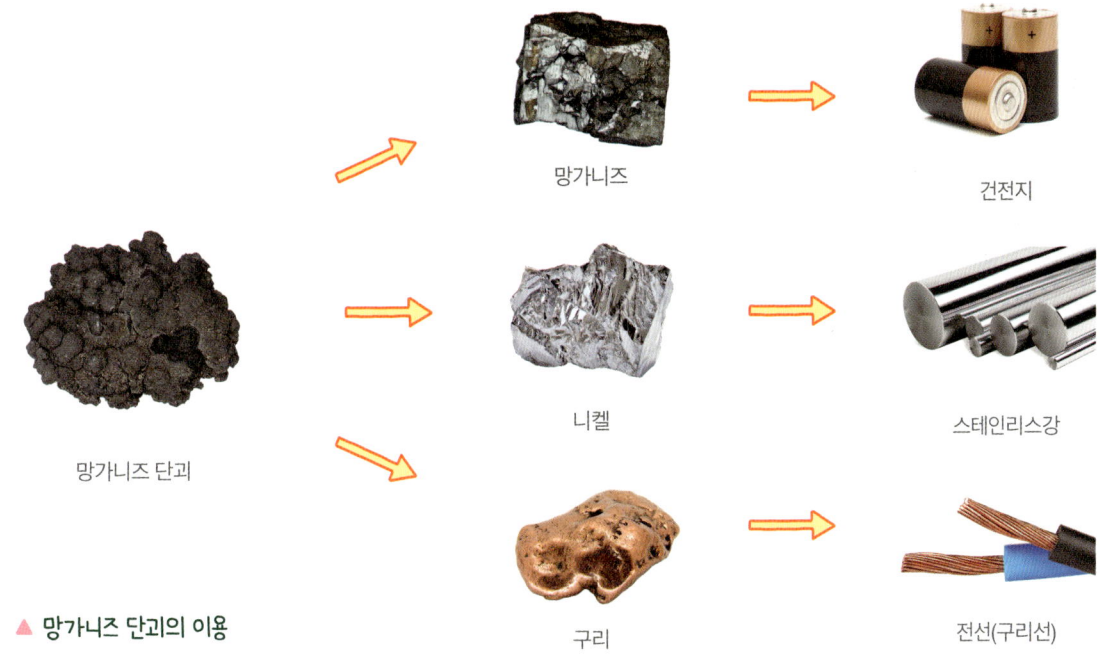

▲ **망가니즈 단괴의 이용**

"망가니즈 단괴도 가스 수화물처럼 우리나라 근처 바다에 묻혀 있나요? 그러면 좋겠는데……."

"아쉽게도 우리나라 근처에는 없어. 하지만 우리나라는 하와이 근처의 바닷속에 있는 망가니즈 단괴를 연구하고 개발할 수 있는 권리를 얻었단다. 그곳에는 망가니즈 단괴가 5억 톤이 넘게 있어."

"오오! 5억 톤이라면 자동차가 5억 대쯤 쌓여 있는 무게니까…… 정말 많네요!"

"하하! 이렇게 바다에는 우리가 계속 사용해 오던 자원

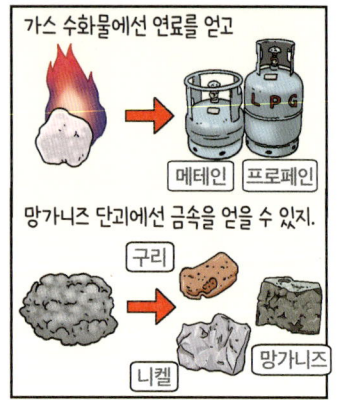

부터 미래의 자원까지 다양한 자원이 많아. 그래서 많은 나라들이 바다를 개발하기 위해 힘쓰고 있지. 하지만 이를 위해서는 무엇보다 중요한 게 한 가지 있어."

"그게 뭔데요?"

> **핵심정리**
>
> 바다에서는 미래 자원으로 쓸 수 있는 물질도 얻을 수 있어. 해저에 있는 가스 수화물에서 기체 연료를 얻고, 망가니즈 단괴에서 금속 자원을 얻을 수 있지.

 **바다를 지켜라!**

"바로 바다가 오염되지 않게 주의해야 한다는 거야."

장하다가 심드렁하게 말했다.

"에이, 그야 당연하죠."

"그래. 누구나 알고 있지만 잘 지켜지지 않고 있지."

용선생은 심각한 표정을 지으며 계속 설명했다.

"사실 물은 가만히 놔두면 스스로 깨끗해져. 오염 물질이 들어오면 물속에 사는 미생물들이 오염 물질을 없애 주거든. 또, 물속에 녹아 있는 물질들이 오염 물질에 달라붙어서 아래로 가라앉기도 해. 이렇듯 물은 스스로 깨끗해지는 능력이 있는데, 이것을 물의 자정 능력이라고 해."

"에……. 스스로 깨끗해지면 문제없는 거 아니에요?"

용선생은 아무 말 없이 화면에 바다 사진을 띄웠다.

"꺅! 바다 색깔이 왜 이래요?"

"적조 현상이라는 거야. 물의 자정 능력을 넘어설 정도로 오염 물질이 많아지면 이런 일이 일어나. 오염 물질을 먹고 사는 붉은색 플랑크톤이 갑자기 많아져서 바다의 색이 붉게 변한 거지."

"으으, 완전 피바다 같아!"

"공장에서 나오는 폐수나 우리가 쓰고 버리는 생활 하수가 바다로 흘러 들어가는 오염 물질들이야. 무엇보다도 음식물의 기름이나 세제를 사용한 더러운 물 같은 생활 하수가 가장 큰 문제이지."

그러자 허영심이 손을 들며 외쳤다.

"그렇다면 오늘부터 당장 생활 하수를 줄여야겠어요!"

"아주 좋은 생각이야! 그런데 생활 하수 말고도 바다를 심각하게 오염시키는 골칫거리가 또 있어."

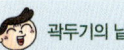 곽두기의 낱말 사전

자정 스스로 자(自) 깨끗할 정(淨). 오염된 부분이 스스로 깨끗해진다는 뜻이야.

▲ **적조 현상** 오염 물질을 먹고 사는 붉은색 플랑크톤이 엄청나게 늘어나서 바닷물을 뒤덮는 현상이야. 수많은 플랑크톤이 물속 산소를 모두 써 버려 다른 물속의 생물들이 숨을 쉬기 어려워지는 등의 피해가 생겨.

 곽두기의 낱말 사전

하수 아래 하(下) 물 수(水). 빗물이나 집, 공장 등에서 쓰고 버리는 더러운 물이야.

▲ 바다에 떠 있는 플라스틱 쓰레기

"우욱! 이건 또 뭐예요?"

"바다에 플라스틱 쓰레기가 잔뜩 떠 있는 거야."

"아악! 정말 끔찍해!"

허영심이 손으로 눈을 가리며 소리쳤다.

"플라스틱은 아주 오랜 시간이 지나도 잘 썩지 않아. 플라스틱 쓰레기가 바다로 흘러가면 해류를 따라 넓은 대양을 돌아다니지. 그러다 군데군데 모여서 거대한 섬 모양을 이루기도 해. 플라스틱 쓰레기가 섬처럼 거대하게 모여 있는 곳을 '플라스틱 섬'이라고도 불러."

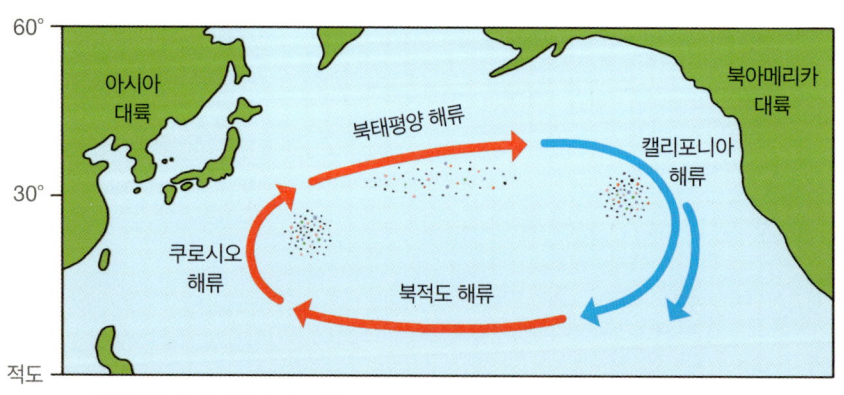

▲ 북태평양 플라스틱 섬의 위치

"앞으로 플라스틱은 절대 함부로 버리지 않겠어요!"

"좋은 태도야. 비닐도 플라스틱 쓰레기에 포함되는데, 바다에 비닐이 흘러 들어가면 바다 생물들에게 아주 위험해. 비닐이 바다 생물의 몸을 휘감기도 하고, 먹이인 줄 알고 먹었다가 목숨을 잃는 경우도 많거든."

▲ 비닐을 먹이로 착각하고 먹으려는 바다거북

"바다를 이렇게 병들게 내버려 두면 안 되겠어!"

"나도! 앞으로 계곡이나 바다에 놀러 가면 절대로 플라스틱 쓰레기를 안 버릴 거야!"

아이들이 너도나도 외치자 용선생이 흐뭇하게 웃었다.

"다들 기특한데? 고마운 바다를 위해 또 무엇을 할 수 있는지 계속 고민해 보자꾸나. 잘할 수 있지?"

"네!"

핵심정리

생활 하수나 공장 폐수, 우리가 사용하고 버린 플라스틱 등은 바다를 심각하게 오염시켜. 바다의 자원을 계속 사용하려면 오염을 줄이기 위해 노력해야 해.

나선애의 정리노트

1. 해양 자원
① 먹거리: 다양한 해양 생물
② 물질: 소금, 천연가스, ⓐ [　　　] 등
③ 전기: 조류, 파도, 해류 등을 이용해 만듦.

2. 바닷속 미래 자원
① 가스 ⓑ [　　　]
- 바다 깊은 곳에서 메테인이나 프로페인처럼 불에 잘 타는 기체와 물 입자가 결합해 얼음처럼 된 것
- 석유나 석탄 대신 연료로 사용할 수 있음.

② 망가니즈 ⓒ [　　　]
- 망가니즈, 니켈, 구리 같은 금속 물질이 뭉친 덩어리
- 금속 자원으로 사용할 수 있음.

3. 해양 오염
① 생활 하수, 공장 폐수 등으로 인한 오염
② ⓓ [　　　] 쓰레기로 인한 오염 등

ⓐ 사금 ⓑ 수혼물 ⓒ 단괴 ⓓ 플라스틱

과학퀴즈 달인을 찾아라!

● 정답은 119쪽에

01

친구들이 이번 시간에 배운 내용에 대해 이야기하고 있어. 옳으면 O, 옳지 않으면 X를 표시해 줘.

① 파도가 치는 힘을 이용해 전기를 만들 수 있어. (　　)
② 가스 수화물은 우리나라 주변에 없어. (　　)
③ 생활 하수는 적조 현상을 전혀 일으키지 않아. (　　)

02

허영심과 나선애가 바다로 갔어. 허영심은 바다를 오염시키는 물질을, 나선애는 바다에서 나는 자원을 모으려고 해. 두 사람이 원하는 것을 모을 수 있게 그물의 테두리를 완성해 줘.

가로세로 퀴즈

바다에 관한 가로세로 퀴즈야. 빈칸을 채워 봐.
띄어쓰기는 무시해도 돼.

가로 열쇠

① 한류와 난류가 만나는 곳
② 지구 전체에 걸쳐 일정하게 부는 바람
③ 오대양 중 우리나라가 접하고 있는 바다
④ 바닷물의 표면을 이루는 말
⑤ 바닷가에서 먼바다 쪽으로 바닷물이 빠져나가는 현상으로, 밀물과 반대되는 현상
⑥ 땅속의 빈틈을 채우고 있는 물로, 대부분 빗물이 땅속에 스며든 것
⑦ 깊은 바닷속 자원으로, 불에 잘 타는 기체들이 물 입자와 결합한 것
⑧ 저위도에서 고위도로 흐르는 비교적 따뜻한 해류

세로 열쇠

❶ 밀물과 썰물로 전기를 만드는 것
❷ 지구의 커다란 바다 5개를 일컫는 말
❸ 대륙붕 끝에 이어진 해저 지형으로, 경사가 급하고 수심이 깊어지는 곳
❹ 먼바다에서 바닷가 쪽으로 바닷물이 밀려오는 현상으로, 썰물과 반대되는 현상
❺ 바닷속 지형을 이르는 말
❻ 육지나 바다의 땅속에 묻혀 있으며 불에 잘 타는 성질이 있는 기체
❼ 밀물과 썰물 때문에 생기는 바닷물의 흐름

●정답은 119쪽에

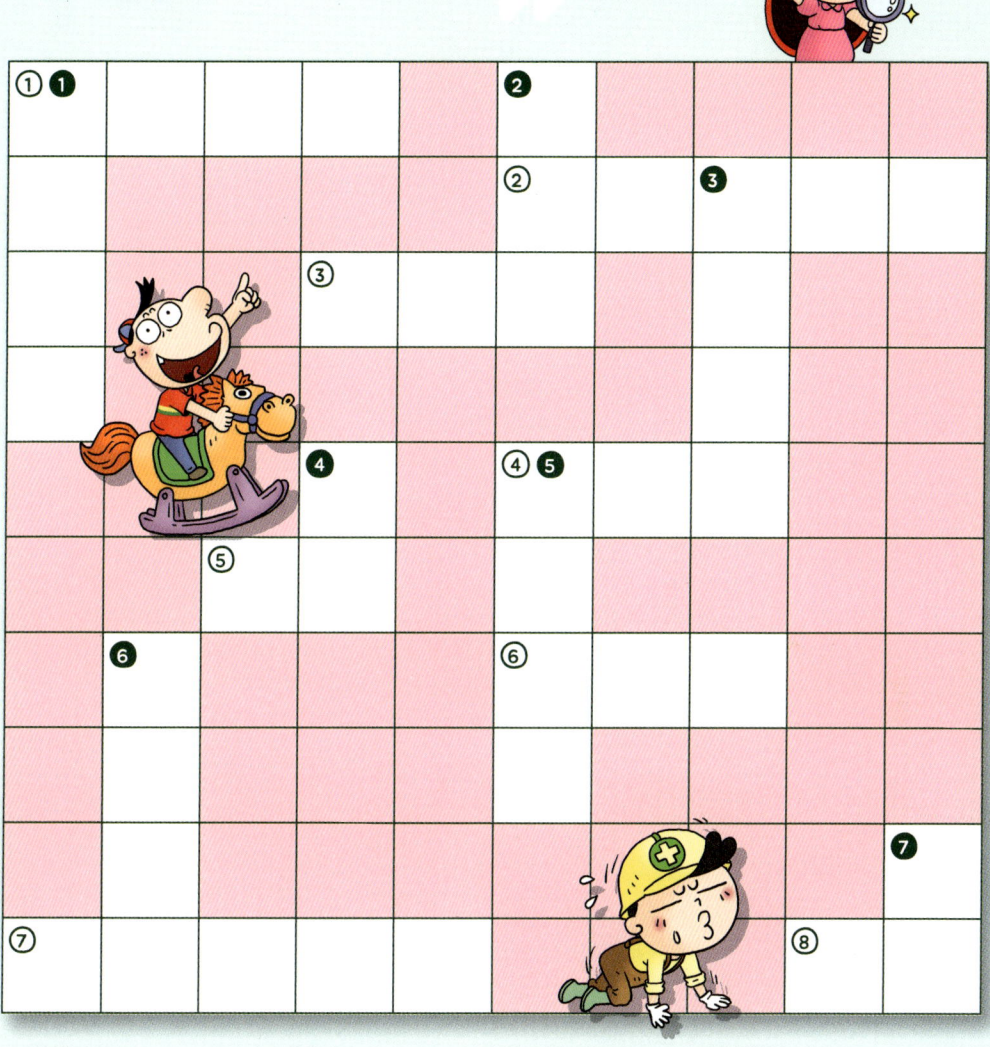

교과서 속으로

| 초등 3학년 1학기 과학 | 지구의 모습 |

지구의 바다에는 어떤 특징이 있을까?

- **육지와 바다**
  - 육지: 강이나 바다 같은 물이 있는 곳을 제외한 지구의 표면
  - 바다: 지구의 표면 중 육지를 제외한 부분

- **바다의 특징**
  - 바다는 육지보다 두 배 이상 넓다.
  - 바닷물은 육지의 물보다 짜다.
  - 바다의 깊이는 모두 다르다.

 지구 표면 중 약 30%는 육지, 약 70%는 바다야!

| 초등 3학년 2학기 과학 | 지표의 변화 |

바닷가 주변의 모습은 어떠할까?

- **침식 작용**: 바위나 돌, 흙 등이 깎여 나가는 것
  - 파도가 육지를 계속 깎고 무너뜨려 만들어진 지형
    ↳ 파도에 깎인 절벽이나 동굴 등

- **퇴적 작용**: 운반된 돌이나 흙이 쌓이는 것
  - 바닷물이 싣고 온 고운 흙이나 가는 모래가 쌓여서 만들어진 지형
    ↳ 모래 해변, 갯벌 등

 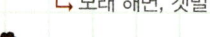 갯벌은 밀물 때에는 물에 잠기고, 썰물 때에는 물 밖으로 드러나지!

> 교과서랑 똑같네!

중 2학년 과학 | 수권과 해수의 순환

염류와 염분

- **염류**
  - 바닷물에 녹아 있는 여러 가지 물질
  - 짠맛을 내는 염화 나트륨, 쓴맛을 내는 염화 마그네슘 등

- **염분**
  - 물 1,000 g에 녹아 있는 염류의 양을 g 수로 나타낸 것
  - 단위: psu(실용염분단위) 또는 ‰(퍼밀)

 전 세계 바닷물의 평균 염분이 약 35 psu라는 거 아니?

중 2학년 과학 | 수권과 해수의 순환

해류와 조경 수역

- **해류**: 바다에서 일정한 방향으로 나타나는 지속적인 해수의 흐름
  - 난류: 저위도에서 고위도로 흐르는 비교적 따뜻한 해류
  - 한류: 고위도에서 저위도로 흐르는 비교적 차가운 해류

- **조경 수역**
  - 바다에서 난류와 한류가 만나는 곳
  - 다양한 물고기가 많이 모인다.

 우리나라 동해에도 조경 수역이 있다고!

찾아보기

가스 수화물 103-105, 107
간조 86-87, 89-91, 96
강수량 55, 57-58
갯벌 24-25, 91-93
구리 105-106
난류 75-76
남반구 56, 69, 73
남해 22, 41, 58, 91
니켈 105-106
담수 55, 57-59, 80
대기 대순환 68-69
대륙 20-21, 38, 71-72
대륙대 38-39, 42
대륙붕 38-39, 41-42
대륙 사면 39-40, 42
대서양 20-22, 35
대양 20-21, 110
동해 22, 41-43, 58, 77, 91, 105
만조 86-87, 89-91, 96
망가니즈 단괴 105-107
메테인 103
미생물 92, 108-109
밀물 25, 85-86, 88, 92-93, 96, 102
바람 23, 68-71, 80
북반구 56, 69, 73
북태평양 70
빙하 15, 58-59, 81
석유 39, 101, 104
수심 38-41
식물 플랑크톤 75-76
심층 해류 80-81

심해 평원 39-40, 42
썰물 25, 85-86, 88, 91-93, 96, 102
염류 49-55, 59, 75
염분 54-59, 80-81
염소 53
염화 나트륨 50, 53, 62
염화 마그네슘 50, 53
영양 염류 75-76
오대양 20-21
육대주 20
인도양 20-21
자원 101-102, 105, 107-108
자정 능력 109
조경 수역 76-77
조력 발전 92, 102
조류 85, 92, 96-97
중력 88-89
증발량 55, 57-58
지하수 15, 29
지형 23, 33-34, 38-42, 97
천연가스 101
초음파 37
태평양 18-22, 35, 56
파도 23-24, 43, 102
표층 해류 80
프로페인 103
플라스틱 섬 110
하수 109
한류 75-76
해구 18-19, 39-40
해령 39-40

해류 67-75, 80-81, 85, 102, 110
해산 39, 42
해수면 34-36, 87
해식 23-24
해저 지형 33-34, 38-42
황해 22, 41, 58, 91
psu(피에스유) 54

퀴즈 정답

1교시

01   ① O   ② X   ③ X

02

지	중	해	복	근	대
구	태	편	양	인	서
북	병	평	하	왕	양
극	서	울	양	토	곡
해	근	허	남	극	해
회	화	인	도	양	북

2교시

01   ① X   ② O   ③ X

02

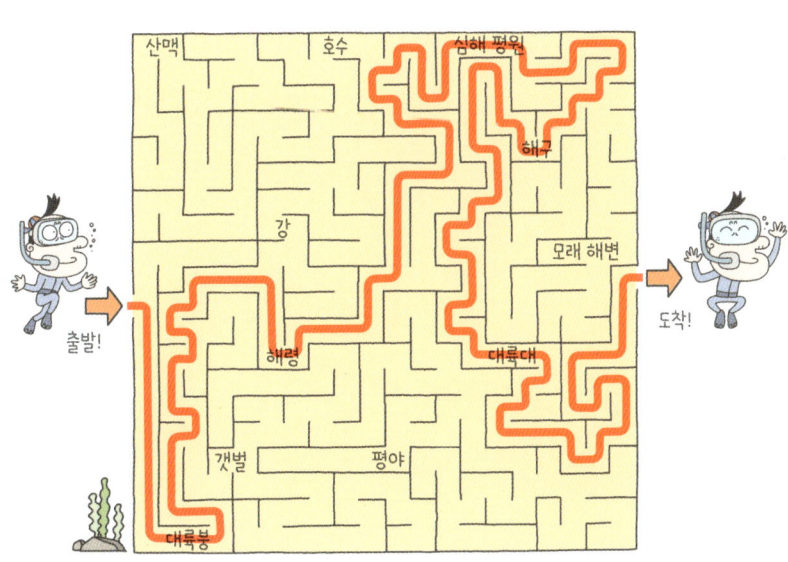

3교시

01 ① X   ② O   ③ X

02

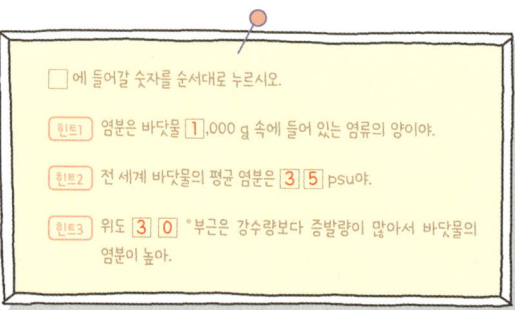

👍 알았다! 비밀번호는 **1 3 5 3 0** 이야!

4교시

01 ① O   ② X   ③ X

02

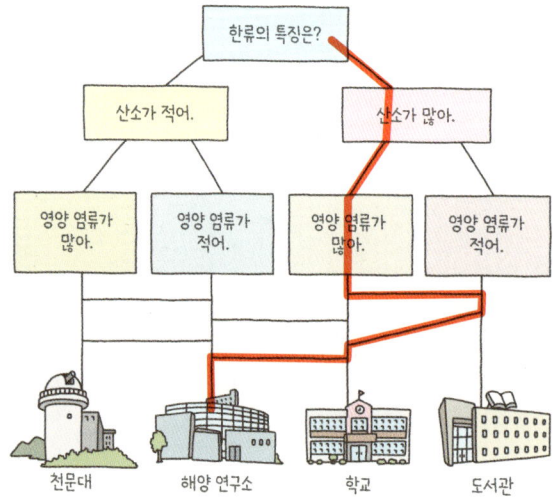

5교시

01 ① X ② O ③ O

02

> 〈보기〉 (밀물)이 들어와 하루 중 바닷물의 높이가 가장 높을 때를 (만조)라고 해. 또, (썰물)이 빠져나가 하루 중 바닷물의 높이가 가장 낮을 때를 (간조)라 하지.

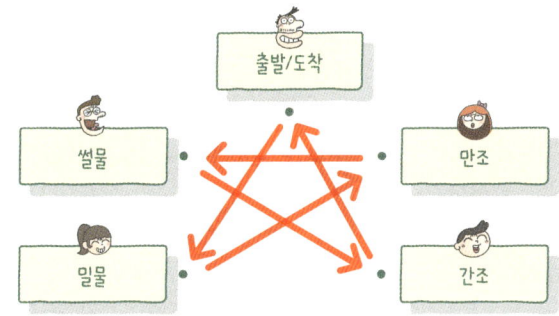

6교시

01 ① O ② X ③ X

02

가로세로 퀴즈

①조	경	수	역		②오			
력					②대	기	③대	순	환
발			③태	평	양		륙	
전							사	
			④밀		④⑤해	수	면	
		⑤썰	물		저			
	⑥천				⑥지	하	수	
	연				형			
	가							⑦조
⑦가	스	수	화	물			⑧난	류

일러두기

- 맞춤법과 띄어쓰기는 국립국어원에서 펴낸 《표준국어대사전》을 따랐습니다.
- 과학 용어 표기는 《2015 개정 교육과정에 따른 교과용도서 개발을 위한 편수자료Ⅲ 기초과학, 정보 편》을 따랐습니다.
- 이 책에 실린 사진은 저작권자로부터 사용 허가를 받았습니다. 저작권자와 접촉하기 위해 최선을 다했으나 불가피한 사정으로 사용 허가를 받지 못한 일부 사진에 대해서는 저작권자와 연락이 닿는 대로 게재 허락을 받고 사용료를 지불하겠습니다.
- 이 책에 실린 그림의 저작권은 별도의 표기가 없는 한 사회평론에 있습니다.

사진 제공

14쪽: 퍼블릭도메인, ESA(wikiimedia commons_CC3.0) | 28쪽: AGE FOTOSTOCK | 35쪽: 퍼블릭도메인 | 39, 41쪽: 퍼블릭도메인 | 40쪽: ALAMY STOCK PHOTO | 52쪽: 퍼블릭도메인 | 87쪽: Piotrus(wikiimedia commons_CC3.0) | 92쪽: Getty images Bank | 97쪽: 퍼블릭도메인 | 103쪽: ALAMY STOCK PHOTO | 104쪽: 퍼블릭도메인 | 105쪽: AGE FOTOSTOCK | 106쪽: Science Photo Library | 그 외: 셔터스톡

용선생의 시끌벅적 과학교실 | 바다

1판 1쇄 발행	2021년 7월 26일
1판 5쇄 발행	2025년 2월 24일
글	김형진, 설정민, 이명화
그림	김인하, 뭉선생, 윤효식
감수	맹승호
캐릭터	이우일
어린이사업본부	이승필
책임편집	이건혁
편집	정세민, 이명화, 홍지예, 김미화, 최예리, 윤성진
마케팅	윤영채, 정하연, 안은지, 박찬수
경영지원본부	나연희, 주광근, 오민정, 전민희, 김수아, 김승현
아트디렉터	강찬규
디자인	가필드
사진	포토마토
펴낸이	윤철호
펴낸곳	(주)사회평론
전화	02-326-1182
팩스	02-326-1626
주소	03993 서울시 마포구 월드컵북로6길 56 사평빌딩
출판등록	1993년 10월 6일 제 10-876호

© 사회평론, 2021

ISBN 979-11-6273-169-7 73400

- 이 책 내용의 일부나 전부를 다시 사용하려면 저작권자와 사회평론의 동의를 받아야 합니다.
- 잘못 만들어진 책은 바꾸어 드립니다.

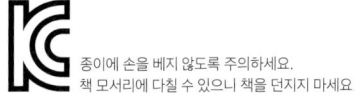

종이에 손을 베지 않도록 주의하세요.
책 모서리에 다칠 수 있으니 책을 던지지 마세요.